1時間でわかる

失敗しない！
会社のつくり方

加藤雄一
Yuichi Kato

冨田健太郎
Kentaro Tomita

技術評論社

はじめに

会社への目的意識が強い会社の礎となる

「会社をつくろう」。そう思い立った瞬間を覚えていますか？

自分の思い描くビジネスプランを実行したい、世の中の役に立ちたい、今の会社を抜けて独立したい、など、会社をつくる人が100人いれば、会社というモノに対する想いやきっかけは100通りあります。その一方で、会社をつくる人全員の前にそびえ立つ大きな壁が、会社設立の手続きです。

手続きには専門的な知識も必要なので、どうしたらよいのか、何から手を付けたらよいのかわからなくなってしまう人も多いでしょう。また、事業を営むために会社をつくるはずが、設立の手続きを進めていくにつれ、会社をつくること自体が目的になってしまう人も多いです。ですので、「会社をつくろう」と思い立った瞬間の想いや考えを忘れずに会社を設立し、その後も事業を行ってほしいと思い、本書を作成しました。

また、本書では税務を中心とした設立後の手続きも併せて説明しています。会社に雇用されている立場の時は税務に取り組む機会はほとんどなかったかもしれませんが、会社を設立し、従業員を雇う立場になったらある程度の知識を持っている必要があります。会社が支払う義務のある保険料や、人を雇うとき

に作成する就業規則についても説明しているので、本書を読めば、会社設立から事業を営むまですべての手続きを理解できるでしょう。

　なるべく専門用語などを使用せず、会社設立に必要な事柄だけに焦点を当てて説明することで、会社を設立するときにみなさんの前に立ちはだかる大きな壁が、実はそんなに大きくなく、超えられる壁なのだと気付けるような内容になっています。また、司法書士・税理士としての経験や、クライアントから聞かれたことなどをベースに本書で紹介する具体例を作成したので、みなさんが気になる点に言及できていると自負しています。

　会社は法律に記載してある事項に則って手続きすれば設立できるものです。法律は人間が考えてつくったものなので、人間が理解できないわけはありません。会社設立やその後の手続きに対して、"難しそう"という印象を抱いてしまいがちですが、まずは本書で大まかな流れと難解な用語の実際のイメージを掴んでみましょう。

　本書がみなさんの会社設立の背中を押すこととなり、会社組織という人間が生み出した叡智の存在を広め、1人1会社の時代が来ることを望んでいます。

2019年11月1日

加藤雄一・冨田健太郎

contents

はじめに　　　2

1章 概要 1週間でできる会社づくりの準備

01 株式会社だけではない 会社の種類を知る　　　12

02 株式会社と合同会社どちらにする？　　　14

03 株式会社設立に最低限必要な費用はいくら？　　　18

04 最短1週間でできる株式会社設立のフロー　　　20

05 商号と事業目的を決める　　　22

06 本店と資本金額を決める　　　24

07 印鑑証明書と会社の印鑑を用意する　　　26

08 会社設立日を決め定款認証の予約をする　　　28

09	事業展開に強い定款を作成する	30
10	公証役場で定款認証を受ける	34
11	自分の銀行口座に資本金を振り込む	36
Column 1	法人口座の開設は大変？	38

2章 基本 2日でできる会社登記

01	登記って何をするの？ 登記申請の手続きを知る	40
02	法務局に行かなくてもOK 登記申請方法を選ぶ	42
03	記載内容に不備のない提出書類を用意する	46
04	個人の実印を押印した就任承諾書をつくる	48
05	収入印紙を用意し登記すべき事項をつくる	50
06	登記日当日の流れを確認する	52
Column 2	ゼロ円設立には注意	56

3章
基本
設立したら終わりではない！
設立後の手続き

01	社長の強い味方！ 税理士を決める	58
02	実は開設が難しい！ 法人の銀行口座開設	60
03	登記がゴールではない 会社設立後の手続き	64
04	法人設立届出書は設立2カ月以内に提出	66
05	特典を受けるために青色申告をする	68
06	給与の支払いを始めたら開設届出書を提出する	70
07	特例の申請書を出して申告期限を延ばす	72
08	税率に注意して役員給与を設定する	74
09	従業員の代わりに会社が所得税を納める	76
10	所得税の納付が半年に一回になる申請書	78
11	署名欄のある雇用契約書を作成する	80
12	従業員が自分一人でも社会保険に加入する	82
13	従業員を雇ったら労働保険に加入する	86

14 会社を守るために就業規則を作成する　　90

Column 3　相性のよい税理士の見つけ方　　92

4章 発展　賢い資金調達で10年後も生き残る会社にする

01 賢い資金調達の考え方と資金計画の立て方　　94

02 銀行に融資をお願いして資金を調達する　　96

03 十分な資金を確保して積極的な経営をする　　98

04 融資を受ける取引銀行を決める　　102

05 日本政策金融公庫から融資を受ける　　104

06 銀行員を惹きつける事業計画書の書き方　　108

07 自治体の金利負担制度で融資を受ける　　112

08 キャリアアップ助成金で資金を調達する　　114

09 設立1年目の税金の納付はほぼない　　118

Column 4　有利な借入条件を設定する　　122

5章
発展

よくあるトラブル事例

01 他人名義で起業したが取締役が決まらない　124

02 似た商号の会社を登記後に見つけた　126

03 2人で設立して共同経営で揉めた　128

04 登記内容に不備があり変更手続きが必要　130

05 郵送で提出した届出が受理されたか不安　132

06 法人税・地方税の延長申請が受けられない　134

07 消費税の免税事業者になれない　136

08 定款を修正して決算期を変更したい　138

付録　合同会社の会社設立と手続き

01	合同会社は6万円でつくれる	140
02	経営に関わる代表社員を決める	142
03	本店所在地と公告方法を決める	144
04	責任の所在を示した定款を作成する	146
05	登記申請書を作成し収入印紙を貼る	150
06	業務執行社員を決め経営者を限定する	152
07	職務執行者を選び登記する	154
08	合同会社は株式会社に変更できる	156

索引	158
著者プロフィール	159

―――――――――― ［免責］ ――――――――――

本書に記載された内容は、情報の提供のみを目的としております。したがって、本書を用いた運用は必ずお客様自身の責任と判断によって行ってください。これらの情報の運用の結果について、技術評論社および著者はいかなる責任も負いません。

本書記載の情報は、2019年10月31日現在のものを掲載していますので、ご利用時には、変更されている場合もあります。また、一部、編集部で独自に集計して算出している数値があります。

最新の情報が異なることを理由とする、本書の返本、交換および返金には応じられませんので、あらかじめご了承ください。

以上の注意事項をご承諾いただいたうえで、本書をご利用願います。これらの注意事項に関わる理由に基づく、返金、返本を含む、あらゆる対処を、技術評論社および著者は行いません。あらかじめ、ご承知おきください。

―――――――― ［商標・登録商標について］ ――――――――

本書に記載した会社名、プログラム名、システム名などは、米国およびその他の国における登録商標または商標です。本文中では、™、®マークは明記しておりません。

1章

概要

1週間でできる会社づくりの準備

会社の種類は株式会社だけだと思っていませんか？自分の事業内容に合った会社形態を選んで、まずは会社の中身を決めていきましょう

概要
01

1章　1週間でできる会社づくりの準備

株式会社だけではない 会社の種類を知る

会社は法律に沿ってつくるもの

　「会社をつくろう！」と意気込んでこの本を手に取ったみなさん、そもそも会社にはいくつかの種類があるということを知っていますか？

　一般的に「会社をつくる」といえば、「株式会社」か「合同会社」を考えればよいでしょう。もっと社会的な団体にしたいのであれば、「一般社団法人」もありますが、この説明は本書では行いません。

　「有限会社」もありますが、現在では、正式には「特例有限会社」といい、2006年の法改正により、新たに有限会社はつくれなくなりました。今まで有限会社と名乗っていた会社は、特例有限会社として存続していけるようになり、有限会社の代わりに合同会社というものを新たにつくれるようになったのです（右上図参照）。

　このように、**会社とは、法律に従ってつくるものであり、法律で決まっていない会社はつくれません。**自分でオリジナルの種類の会社をつくろうとしても、法律に規定がない以上、それはできないのです。

　今から法人をつくる場合、株式会社か合同会社のどちらが自分のニーズに適しているか、迷う人も多いでしょう（右下図参照）。本書では株式会社と合同会社のつくり方のポイントを簡潔にまとめています。これらを理解して自分に合った会社づくりを目指していきましょう。

主な会社の種類と特徴

❶株式会社
- 有限責任
- 株式を発行して出資を募る
- 出資者と経営者が異なってもよい

❷合同会社
- 有限責任
- 出資者全員が経営者となるのが原則
- 個人事業の延長のようなもの

❸特例有限会社
- もともとは有限会社と名乗っていた会社
- 2006年の法改正により、新たな設立は不可能

❹一般社団法人
- 営利を目的としない
- 2人以上の社員が必要
- 必ずしも公益を目的とする事業内容でなくてもよい

株式会社と合同会社の登記件数の推移

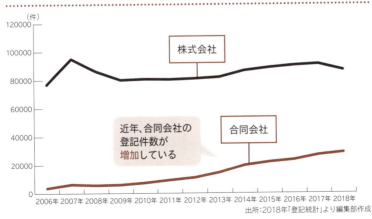

出所:2018年「登記統計」より編集部作成

概要

02

1章　1週間でできる会社づくりの準備

株式会社と合同会社
どちらにする？

株式会社は経営者と出資者が別人でもよい

　12ページで、会社には種類があると確認しました。それでは、その種類別のメリット・デメリットを見ていきましょう。

　株式会社の一番大きな特徴は、所有と経営の分離です。いきなり難しい言葉が出てきましたが、簡単にいうと、「会社は誰の持ち物か？」という問題と、「実際に会社を経営するのは誰か？」という問題を分けて考えるということです。

　会社の所有者（オーナー）は、基本的に株主であり、会社をつくるためにお金を出した人です（右上図参照）。

　ですが、お金を出して会社を設立したけれども、実際の経営や運営は苦手ということであれば、会社を別の人に任せることができます。この任された人を取締役（役員）といいます。

　会社の所有者は、取締役の舵取りがうまくいっていないと思えば、株主総会を開催して取締役を交代させることもできます。反対に、取締役が経営をうまく行えば、「この会社にもっと出資したい」と思う人が増えて、出資を受けて会社の規模を大きくしていくことも可能です。このように、**大きな資本金を用意する必要があったり、将来的にほかの人から出資してもらう可能性があったりする場合は株式会社のほうが向いています**（右下図参照）。

14

株式会社のしくみ

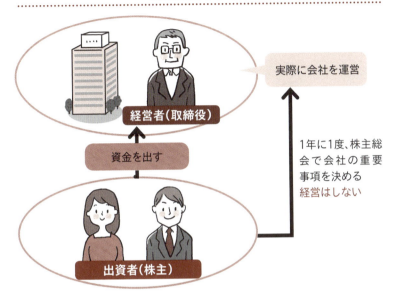

株式会社のメリット・デメリット

メリット
- 対外的信用力が大きい
- 銀行からの融資を得やすい
- 決算日を自由に設定できる
- 事業継承がしやすい
- 個人資産が差し押さえを受けない

デメリット
- 会社設立のコストが大きくなる
- 社会保険への加入が必要になる
- 役員に任期がある
- 決算公告が必要
- 株主と経営者の意思が一致しない

他人の出資が必要なければ合同会社

　合同会社は、以前存在していた有限会社を、もっと利用しやすくするために設けられた形態です。有限会社の代替として位置づけられているため、小さな会社というイメージを持つ人もいるかもしれません。しかし、アップルやアマゾンなど、外資系会社の日本法人の形態として合同会社が利用されるなど、規模の大小にかかわらず利用されるようにもなってきています。そのほかにも、不動産を保有するための会社や、資産家の資産管理会社として合同会社を設立する場合もあります。

　ただし合同会社は、株式会社と異なり、出資する人と経営する人が原則同一人物でなければなりません（右上図参照）。経営する人だけが出資するので、ほかの人からお金を出してもらって大きな会社にするといった展開は難しいでしょう。

　合同会社に向いてる事業内容としてイメージしやすいのは、個人経営など、**他人の出資が必要ない業務を行う会社です**（右下図参照）。また、資産管理会社などの会社の業務が決められているもの、外資系日本法人など、ほかから出資を求めない会社などにも向いているでしょう。

　また、合同会社は運営コストが少なく済みます。個人にフォーカスした会社形態のため、役員の任期がなく、改選の手続きが不要です。株式会社の場合、役員の任期は最長で10年であることから、改選時には登記が必要になりますが、合同会社ではその必要はありません。

　そして、設立時にも公証役場での定款認証が不要なので、コストを抑えて会社を設立できます。

　本書では、主に株式会社設立の手続きを解説しますが、合同会社については付録で解説します。

合同会社のしくみ

出資者が会社を経営する
出資者と経営者が別人ではない

出資者 兼 経営者

合同会社のメリット・デメリット

メリット
- 安い費用で設立できる
- 経営の自由度が高い
- 毎年の決算公告は不要
- 有限責任である

デメリット
- 合同会社の知名度がやや低い
- 社員同士のトラブルを解決しづらい
- 上場できない
- 株式発行による資金調達ができない

概要

03

1章　1週間でできる会社づくりの準備

株式会社設立に最低限
必要な費用はいくら？

資本金以外にもさまざまな費用がかかる

　株式会社の設立に必要なのが、資本金です。資本金とは、会社を運営していくにあたって、とりあえず会社に入れておくお金で、会社を設立する際には、現金で資本金を用意する必要があります（例外がありますがここでは省略します）。

　昔は、最低資本金制度というものがあり、株式会社は1000万円、有限会社では300万円の資本金が最低限必要だったのですが、現在では最低資本金は撤廃され、資本金は1円以上にしておけばよくなりました。

　資本金の額は、いくらであるべきという基準はありませんが、**個人で会社をつくる場合は100万円程度にするのが、一般的なようです。**

　ですが、その100万円だけで会社をつくれるかというと、そうではありません。ほかにも、定款認証の際には「定款認証費用」が、登記申請の際は「登録免許税」などの費用が発生するので、資本金だけでは足りないと考えておいてください。

　ちなみに、**書面で定款を作成し、会社を設立する場合は約25万円が必要**ですが、定款を電子データとして提出する電子定款を利用する場合、設立の費用を約20万円まで抑えられます（右図参照）。

18

株式会社設立に必要な費用

	書面の定款で 株式会社を設立	電子定款で 株式会社を設立
定款認証印紙代	4万円	0円
定款認証費用	約5万円	約5万円
登録免許税	最低15万円	最低15万円

合計 **約25万円**	合計 **約20万円**

この金額に加えて資本金が必要

株式会社の設立には
最低約20万円の費用が必要

概要
04

1章 1週間でできる会社づくりの準備

最短1週間でできる株式会社設立のフロー

必要な手続きを順番に行う

　会社は、最終的に会社設立の登記を申請することで設立できます。登記するためには、手順に沿って準備を進めておく必要があり、つまり、**必要な手続きを順に行っていけば、会社を設立できます**（右図参照）。

　まずは、会社の中身を決めていきましょう。最低限決めておく事項は、**会社の商号、本店、目的、資本金、1株の価格、発行する株式総数、公告をする方法、譲渡制限の定め、役員、任期、決算期、登記申請日**です。

　また、会社の中身を決める作業と同時進行で、会社の印鑑を発注することをおすすめします。「これから会社をつくるぞ！」という気持ちになりますし、印鑑の材質をどうするのか、印鑑の文字（印影）をどのようにするのかなどの検討も必要だからです。印鑑自体も即日できるわけではないので、早めに準備をしておくとよいでしょう。

　定款については、モデル定款やサンプル的な定款があるので、それらを参考にしながら、作成するとよいでしょう。ただし、定款認証という公証人に定款を認証してもらう作業が必須であり、公証人には認証前に定款案をチェックしてもらうのが一般的です。即日に公証役場で対応してもらえるものではないので、必ず事前チェックをお願いしましょう。

　定款認証後は、資本金の払い込みをします。これは、定款作成後でなければできないので、注意してください。ここまでできたら、あとは登記申請だけです。順当に作業すれば1週間で会社はつくれます。

20

株式会社設立の流れ

会社の中身を決める

決める事項 会社の商号、本店の場所、目的、資本金、1株の価格、発行する株式総数、公告の方法、譲渡制限の定め、役員、任期、決算期、登記申請日

↓

印鑑の発注

> 会社の中身決めと同時に行うとよい

↓

定款の作成

↓

定款認証を行う

> 公証人に事前チェックしてもらう

↓

資本金の払い込み

> 発起人の個人口座に払い込む

↓

登記申請書の作成

↓

登記

> 会社設立完了

概要

05

商号と事業目的を決める

1章　1週間でできる会社づくりの準備

商号に使用できる文字には制限がある

　20ページで会社設立の流れを確認しましたが、ここからは会社の中身となる事項を一つひとつ確認していきましょう。

まず、**商号とは、会社の名前のことです。会社の形態に応じて名乗ることができます**（右上図参照）。そのため、合同会社なのに株式会社と名乗れません。また、商号には必ずその会社の形態名が含まれていなければならないので、株式会社であれば、商号中に必ず「株式会社」と記載されている必要があります。

　そして、商号に使用できる文字にも制限があります（右下図参照）。記号は、文字を区切る際の符号に限って使用することができ、先頭および末尾に置くことはできません。ピリオドだけは、省略を表すものとして末尾に使用できます。また、ローマ字で複数の単語を表記する場合に限り、空白（スペース）を用いることができます。

　また、商号を決める際の材料となるのが事業目的です。コンサルティング事業を行わないのに、商号に「コンサルタンツ」と入っていたらさまざまな人が混乱しますよね。ですので、商号には事業目的を想起させる単語を入れるのもよいかもしれません。

　なお、事業目的は後に作成する定款にも記載します。**定款に記載されていない事業は行えないので、今後展開していきたい事業内容まで考え、決定するようにしましょう。**

22

商号を決めるときのルール

① 会社の形態を含める

・株式会社であれば「株式会社」の文言を商号中に必ず記載する

② 使用可能な文字で構成する

・日本文字、ローマ字、アラビア数字、一部の記号を用いることができる

③ ローマ字の場合は空白(スペース)を含めてもよい

・単語と単語のあいだに空白(スペース)を入れてもよい

商号の表記ルール

■文字の使い方

文字	例
漢字	南北株式会社
ひらがな	なんぼく株式会社
カタカナ	ナンボク株式会社
ローマ字	Nanboku株式会社 Nan boku株式会社

■記号の使い方

記号	例
「&」	Nan&boku株式会社
「'」	Nan'boku株式会社
「,」	Nan,boku株式会社
「－」	Nan－boku株式会社
「.」	Nanboku.株式会社
「・」	Nan・boku株式会社

概要

06

1章　1週間でできる会社づくりの準備

本店と
資本金額を決める

出資金の比率は経営に影響する

　次に、会社の本店の表記をどのようにするのかを検討しましょう。**会社の本店とは、その法人が所在する場所のことであり、人間でいう住所となります**。架空の住所では登記できません。ただし、住所が架空かどうかは法務局でチェックしきれないので、住所の表記が正しいものなのかは、登記前によく確認しておきましょう。なお、物件によっては会社の事業所としての使用を禁止しているところもあります。管理規約や契約内容を見直して、違反していないか確認しましょう（右上図参照）。

　また、資本金の金額も決めなければなりません。設立時の資本金というのは、つくる会社に対していくらお金などを投資したのかという意味にもなるので、多いに越したことはありません。ただ、資本金として提出した金額は、会社設立後、会社のお金として法人の口座で管理しなければならないので、お金がないのに資本金額を大きくすることは避けたほうがよいでしょう。

　そして、**会社をつくる際に出資してくれた株主の構成は、出資金額の比率によって振り分けるのが原則**です。ちなみに、会社を運営していく際に、出資者の意見が分かれたときは、その出資比率によって多数決を採ります。

本店とする物件を決める際の注意点

① 管理規約を必ず確認する

・物件によっては、管理規約や契約に違反しているとみなされる可能性もある

② 正式な住所を確認する

・賃貸借契約書に記載されている物件の所在は地番であることがあり、正式な住所は地番と異なるので注意する

③ 部屋番号まで記載する

・大規模なマンションを本店とする場合、郵便物が届かない可能性があるので、部屋番号を記載したほうがよい

出資金額の比率は経営にも影響する

概要
07
1章　1週間でできる会社づくりの準備

印鑑証明書と
会社の印鑑を用意する

印鑑証明書は関係者分用意する

　登記をする際に必要となるのが、個人の印鑑証明書です。印鑑証明書が必要になるのは会社の出資者および代表者となる役員ですが、念のため、関係者全員分用意しておくのがよいでしょう。

　そして、このタイミングで会社の印鑑もつくっておきましょう。ここまで、印鑑証明書や設立費用を準備してきましたが、会社の代表者は会社の印鑑を法務局に届け出る必要があるので、印鑑を用意しておく必要があるのです。なお、法務局に届け出た印鑑が会社実印となります。

　そのほかに準備しておくものとして、銀行印、角印、横判があります（右上図参照）。

　銀行口座用の印鑑である銀行印は、大きな会社の場合、安全性の面から、会社実印と銀行印は別管理のほうがよいですが、小さな会社の場合、複数の印鑑があると取り扱いに迷ってしまうでしょうから、会社実印と銀行印を兼用するのもよいでしょう。また、横判は本店、商号、代表取締役がバラバラになるタイプが使いやすいのでおすすめです。

　なお、このあとは定款の作成となりますが、その前に、会社の設立に必要な費用はあらかじめ用意しておきましょう。会社の設立に必要な費用については、基本的にすべて先払いとなります（右下図参照）。

会社で必要な印鑑の種類

① 会社実印

・会社設立の際に法務局で登録をする印鑑
・重要な契約を結ぶときに使う
・印影には会社名と役職名を入れるのが一般的

② 銀行印

・法人用の口座を作成するときに銀行で登録する印鑑
・手形や小切手に押すなど、お金のやり取りのときに使う
・印影には会社名と「銀行之印」という文字を入れるのが一般的

③ 社印（角印）

・会社の認印のこと
・会社の名前を彫り、請求書や領収書など、幅広い用途に使う

④ 横判

・使い勝手のよい本店、商号、代表取締役がバラバラになるタイプをつくる

設立費用支払いの流れ

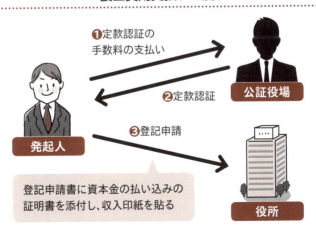

❶定款認証の手数料の支払い
❷定款認証
❸登記申請

発起人　公証役場　役所

登記申請書に資本金の払い込みの証明書を添付し、収入印紙を貼る

1章　1週間でできる会社づくりの準備

概要

08

1章　1週間でできる会社づくりの準備

会社設立日を決め
定款認証の予約をする

定款認証は会社設立で必ず通る道

　会社設立日は定款認証の時点で決定している必要はありませんが、設立に向けてのゴールが見えてきているころなので、検討しておいてもよいでしょう。**会社設立日は、登記簿謄本に記載されるものであり、後日変更や訂正などはできません**。会社が存在しているあいだ、ずっと公開される情報になります。

　会社設立日は、人間でいうところの誕生日と同じようなものですが、この誕生日を選べるのが人間とは異なります。また、誕生日にできない日もあるので、注意が必要です。たとえば、キリがよい1月1日を会社設立日にしたいという話をよく聞きますが、1月1日での設立はできません（右上図参照）。

　また会社を設立するにあたり、発起人（出資者）は、会社を運営していくうえでの基本的規則を記した定款を作成して、公証役場で定款の認証を受ける必要があります（34ページ参照）。定款の認証は事前予約が必要なので、このタイミングで公証役場に連絡しておきましょう（右下図参照）。

　なお、定款の認証は代理人による手続きが可能なので、行政書士や司法書士に代理手続きをお願いできますが、その分の費用がプラスで発生するので、費用を少しでも浮かしたい人は自分で出向くとよいです。

会社設立日に設定できる日付

法務局の営業日
- 平日

開庁時間があるので注意すること

法務局が営業していない日
- 土日祝日
- 12月29日～1月3日

キリのよい1月1日は会社設立日に設定できない

定款認証の流れ

```
定款・その他書類の準備
       ↓
公証人に定款の文面を確認してもらう
       ↓
本データを公証役場に持っていく  ← 事前に予約をしておくとよい
       ↓
公証人による認証作業
       ↓
定款成立
```

概要
09

1章　1週間でできる会社づくりの準備

事業展開に強い
定款を作成する

会社目的はわかりやすく簡潔に

定款認証後、手直しをしたり、間違いを訂正したりする場合は、定款をつくり直して再認証してもらうのが原則となります。そのため再度、手数料や印紙代が必要になります。無駄な手間が発生しないように間違いや訂正のない定款を作成しましょう。

間違えやすい箇所は、会社の目的の部分です。また、表現の仕方などにも注意しましょう。コンサルティング業、コンサルタント業、コンサルティングのように、表現の仕方にも幅があります。会社目的には明確性が求められるので、造語や世間一般に広まっていない専門用語などは記載できません。また、将来なくなってしまうおそれのある商品名もあまり入れないほうがよいです。

そして、**事業によっては、監督官庁などの許可を得て初めて営業できるものもあります。**許可自体は設立登記後に手続きするものがほとんどなので、設立時に許可をとっておく必要はありません。ただし、その許可を取得するために、その事業を行うことがわかる文言が会社の目的に記載されている必要があります。この部分は許認可を専門とする行政書士などと一緒に検討するのがよいでしょう（右図参照）。

定款に記載された会社の目的の内容はそのまま登記され、内容を訂正する場合は、目的変更の登記や更正登記などを行う必要があります。間違いがないよう何度も確認が必要です。

30

事業を行うために許認可が必要な業種

■届出が必要な業種

業種	届出先	窓口
美容院・理容院	都道府県知事など	保健所
接骨院・鍼灸院	都道府県知事など	保健所
クリーニング店	都道府県知事など	保健所
軽トラック運送業	国土交通大臣	運輸支局
探偵業	都道府県公安委員会	警察署

■登録が必要な業種

業種	登録先	窓口
旅行業	観光庁長官または 都道府県知事	地方運輸局または 都道府県担当課 （都道府県により異なる）
旅行業者代理業	都道府県知事	都道府県の担当課 （都道府県により異なる）
倉庫業	国土交通大臣	運輸局・運輸支局など
解体工事業	都道府県知事	都道府県の担当課 （都道府県により異なる）
電気工事業	経済産業大臣または 都道府県知事	都道府県の担当課など （都道府県により異なる）
第一種動物取扱業	都道府県知事または 政令市長	都道府県知事または 政令市の担当部局

事業内容は今後のことも考えて書く

　会社の事業を検討するにあたり、今後行う可能性のある事業がないかよく確認しましょう。**事業内容はあまりに細かく記載してしまうと文量が多くなり、この会社で行いたいメインの事業が何かわからなくなりがちです**。一方、「営業」というだけでは幅が広すぎます。たとえば、「インターネットを利用した営業代行」などとするとわかりやすいです。

会社設立から決算までの期間に注意する

　企業が決算を行う会計期末の時期である決算期を定款に記載している場合がほとんどですが、それは決算期を記載することで、事業年度を定めているからです。事業年度とは、会社が事業を行う年のことです。その期間は、原則12カ月間以内でなければならないので、おのずと、会社設立から12カ月以内に決算期を迎えることになります（右上図参照）。

　事業年度の期間は、会社設立から12カ月以内であればよいので、会社設立から2カ月後を年度末に設定してしまう人もたまにいますが、これはあまり得策とはいえません。というのも、**設立日から1年後を決算日にすると、節税に有利になる**からです。また、会社設立から決算日までの期間があまりにも短いと、ほとんど事業が動いていないのに決算の申告をしなければならなくなります。

　決算期をあとから変更するのは可能ですが、定款に決算期を記載しているので定款変更決議を行う必要があります（右下図参照）。株主の関係などで機動的に総会を開催できない会社では、決算期間近に対応するのが難しいでしょうから、注意して事業年度を設定しましょう。

事業年度の決め方

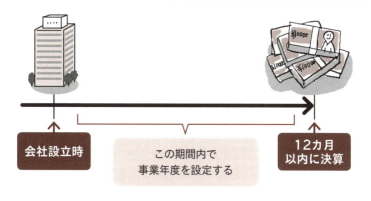

定款変更決議の方法

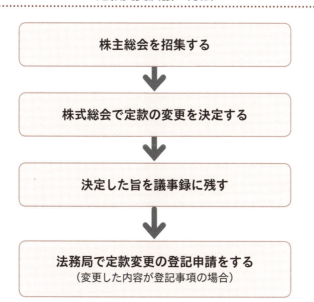

概要

10

1章　1週間でできる会社づくりの準備

公証役場で
定款認証を受ける

定款の認証は所轄の公証役場で行う

　定款認証の際には、**出資者（発起人）の3カ月以内に発行された印鑑証明書および、認証してもらう定款を持参します**。定款は、公証役場保管用、原本用、謄本用の3通を用意していきます。前もって公証役場に送った文案と同じものを用意してください。

　定款の認証ですが、公証役場には管轄があるので、最寄りの公証役場に行けばよいわけではありません。本店を置こうとしている所在地を管轄する都道府県内の公証役場が管轄となります。たとえば、東京都内に本店を置くのであれば、23区内でも多摩地区でもどの公証役場でもかまいませんが、ほかの管轄となる横浜市や千葉市などの公証役場では認証できません。

　現在では、電子定款認証の手続きも利用されてきています（右図参照）。電子定款の場合は、通常書面で作成される定款の認証を電子データで行います。電子データは印紙税の対象にはならないので、印紙代4万円を節約できます。ですが、オンラインでの申請の際は、電子署名などに送信者側が対応する必要があるため、その準備に時間や費用がかかってしまうことは理解しておいてください。

　電子定款にしたいのであれば、それに対応している行政書士や司法書士に依頼をするのがおすすめです。

34

電子定款での定款認証の流れ

ワードなどで定款を作成する

定款をPDFファイルに変換する

電子署名する

「登記・供託オンライン申請システム」で定款認証申請者の情報を登録する

「申請用総合ソフト」を使い電子署名を入れた電子定款を送信する

定款を公証役場で受け取る

持ち物

・USBメモリ
・電子定款をプリントアウトしたもの
・発起人の印鑑証明書
・電子署名をした発起人以外の委任状
（発起人が複数人いる場合）
・認定手数料
・身分証明書
・印鑑

概要

11

1章　1週間でできる会社づくりの準備

自分の銀行口座に
資本金を振り込む

定款認証後の払い込み

　定款認証が終わったら、次は会社設立の登記申請に向けてより具体的に動いていくことになります。

　会社を設立するためには、資本金の払い込みが必要です。現金での払い込みが原則ですが、現物出資という方法もあります（右上図参照）。現物出資は、車や不動産など、現物で出資することを指します。しかし、現物出資は定款に記載する必要があるため、定款にその旨を記載していないのであれば、現金での払い込みとなります。

　この払い込みは、**発起人の口座に資本金を振り込むかたちになります**（右下図参照）。自分の口座に自分がお金を振り込むという、一見、不思議なかたちになりますが、登記の手続きの際には、資本金の払い込みを行ったことを証明する書面の提出が必要になります。そのため、資本金分の残高が口座にあっても、払い込みの証明にはなりません。

　また、払い込み手続きは入金でも問題ありません。つまり、もともとあったお金を出金して、再度同じ口座に入金するといった手続きでも払い込みの証明になるということです。また、発起人（出資者）が複数の場合は、それぞれ自分の口座に自分の出資分だけ払い込むかたちでよいことになっています。

36

現物出資の方法

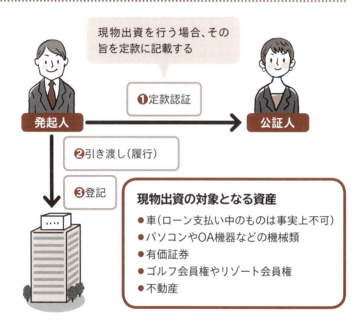

資本金の払い込み方法

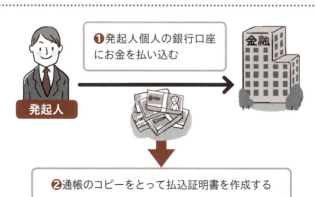

Column 1　法人の銀行口座をつくる

法人口座の開設は大変？

　昨今の振り込め詐欺事件の報道を見て、心を痛めています。なんとかして振り込め詐欺被害を防ぎたい気持ちですが、それは金融機関も同様です。そのため、「銀行口座」に対して、金融機関は敏感になっています。マネーロンダリング（資金洗浄）などに銀行の口座が使われる場合もあることから、新規で口座を開設するのが難しい時代になってきているのです。

　個人の口座であれば、何かあった際に本人の特定ができるのでまだよいのですが、法人の口座は、出資をした本人（いわゆるオーナー）のものなのか、経営者（代表者）のものなのかはっきりしません。

　また、実質的経営者といって、自分の影響下にある人を表に出して、自分を裏の経営者にすることもありえます。法人口座が振り込め詐欺の受取口座として利用されていることもあるので、今まで取引のない人が新規に法人口座を開設するとなると、金融機関は極端に身構えることになります。お客様が増えてありがたい気持ちより、面倒に巻き込まれたくないというのが金融機関の本音でしょう。

　そのため、口座開設にあたり、出資者、役員全員の調査が行われます。個人で取引のない人だと、法人口座開設はまず断られます。都市銀行だとその傾向が強いので、地方銀行、第2地銀、信用金庫等を最初から選んで口座開設を目指す人もいます。

会社をつくると決めたら一度相談しに行こう

2章

基本

2日でできる
会社登記

会社を設立するうえで、登記は誰もが通る道です。当日の流れを把握して、不備のない書類を提出しましょう

基本
01

2章　2日でできる会社登記

登記って何をするの？
登記申請の手続きを知る

法律的に会社を存在させるための手続き

　大前提として、会社は設立登記を申請することによって成立します。定款を認証して、実際に事業を始めていたとしても法人は存在しませんし、認められません。**登記の申請をして、法務局に登記されることによってはじめて、法人が法律的に存在するのです**。なお、登記されたことの証明として、会社登記簿謄本（登記事項証明書）が発行されます。

　登記しなければいけない事項は、法律で定められており、定款に記されたすべての内容を登記しなければいけないわけではありません。登記申請の際は所定の用紙ではなく、**用意された定型のフォームを参考に、自分でそのフォームに基づいた申請書を自分で作成して、その内容で登記手続きを行います**（右図参照）。そのため、登記申請書に間違えがあった場合、法務局のチェックをすり抜けてそのまま登記されてしまうこともありえるのです。

　申請の際には、登記を申請することに至った事実のわかる資料の添付が求められています。この資料は、法律で定められたものでなければならないので、用意するのが大変難しいのですが、定型資料などもあるのでそちらを流用して、事実に沿った書類の提出をするようにしましょう。

登記申請書の作成例

登記申請書に記載する基本事項

商号／本店／代表者の氏名・住所／登記の事由／登記すべき事項／登録免許税の金額／課税標準の金額／申請の年月／登記所の表記

※その他　代理人によって申請するときは、その氏名および住所

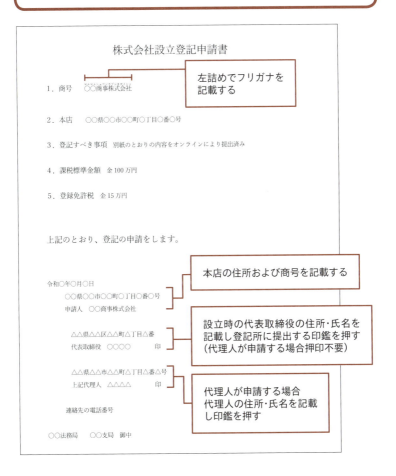

基本
02

2章　2日でできる会社登記

法務局に行かなくてもOK
登記申請方法を選ぶ

郵送でも登記はできる

　会社設立の登記は、登記申請書を作成し、それを法律で定められた必要書類と一緒に申請をします。申請の方法は、**直接管轄の法務局の登記申請の受付窓口に持参する方法や、郵送による方法、オンライン申請による方法があります**（右上図参照）。

　登記申請日が会社設立日となるので、日付にこだわる人は、窓口に行って申請するのがよいでしょう。相談窓口で最終的な相談をしてから、登記申請をするのも可能です。

　窓口での申請の場合で注意したいのは、書類について不備がないか、内容に誤りがないかといったチェックは受付では行われないことです。そのため、窓口にわざわざ行って書類を提出して、その場で登記完了を待っていても即日に登記が完了することはほとんどありません（右下図参照）。

　郵送で申請する場合は、登記申請書および添付書類を管轄の法務局に郵送します。配達状況により、予定していた会社設立日と登記された会社設立日がずれてしまうおそれがあるので、日付にこだわりたい人にはあまりおすすめできませんが、窓口に行く時間がない人はこの方法も検討してみましょう。管轄違いの法務局に誤って郵送しないように注意してください。

42

3つの登記申請方法

❶ 法務局に行く	・申請書を自分で法務局に持っていく方法 ・事前に予約をすれば、相談窓口で最終的な相談に応じてもらえる
❷ 郵送	・申請書を郵送する方法 ・投函日から申請日まで日が空くので、会社設立日にこだわらない人向け
❸ オンライン	・インターネット上で申請書を提出する方法 ・オンライン申請後は、添付書類を郵送しなければならない

法務局での申請書提出のフロー

窓口で申請書を提出する

法務局で内容が確認される

登記が完了する

> 申請日に登記が完了するわけではない

オンラインでの申請は難しい？

　オンライン申請のメリットは申請日の確保が容易となる点です。

　ただし、制度としてオンライン申請というものはありますが、申請者も電子認証ができるようにしておく必要があるので、現在ではハードルがまだ高いといった状況です。オンライン申請を継続して利用するのであれば対応してもよいですが、会社設立という一度きりの機会のためにそのような環境を用意するのは、時間や費用などを考えるとあまりおすすめできません。登記申請を業としている司法書士のほとんどはオンライン申請に対応しているので、申請の部分は専門家に依頼してもよいでしょう。

　ちなみに、**オンライン申請といっても、完全にオンライン上で手続きが終了するわけではありません。**オンラインで申請したあとは、添付書類といわれる書類を法務局に郵送する必要があります。このように、現状、オンラインで完結していないので、半ラインなどといわれています。

　オンラインで申請した場合は、法務局から申請した登記に関する情報がメールで届いたり、確認画面で状況を見たりすることができます。

　また、申請した登記に手直しが必要であったり、不備があったりする場合は「補正」という通知がきます。**補正通知に対して適宜対応しないと、登記を進めることができず、却下されてしまうので、補正通知を無視してはいけません。**

　登記の申請と添付書類のチェックが終わり、登記の入力が終わると、法務局より完了の通知が到着します。これにより登記が終了したことが確認できます。

オンライン申請の流れ

申請用総合ソフトをインストールし、ログインする

↓

添付書面情報を付与した申請書を作成する

↓

申請書に電子署名を行う

> カードリーダー
> が必要

↓

申請データを送信する

↓

登録免許税を納付する

> インターネット
> バンクでの
> 納付も可能

↓

登記申請の受付が完了する

↓

添付情報を郵送または持参する

↓

登記が完了する

基本

03

2章　2日でできる会社登記

記載内容に不備のない
提出書類を用意する

書類に不備があると申請を取り下げられる

　会社設立の登記申請の際には、その会社が法律で定める手順に沿って手続きを行ったのかをチェックするために、各種の証明文書を一緒に提出する必要があります。また、書類の不備などにより登記の申請を取り下げるようにいわれることもあります。**取り下げた場合は、申請した日（会社設立日）は無効になり、再度申請を受け付けた日が会社設立日となってしまいます。**

　まず定款ですが、これは公証役場で認証を受けたものを法務局に提示することになります。ただし、登記用で原本を一部提出するのはお金がもったいないので、原本還付という手続きを行うようにしましょう（54ページ参照）。定款の認証文の入ったページおよび表紙も含めて、全ページ分コピーを提出してください。

　次に、資本金の払込証明書ですが、資本金を移動した銀行の通帳のコピーをとって適宜払い込みの証明の文を記載します。「別紙の通り、払い込みを行ったので証明いたします」という文言を記載し、日付および会社名、代表取締役名を記名押印します。最近では通帳のない口座もありますが、その場合は、オンライン口座の画面コピーの提出となります。入金の記録がわかる部分が記載されているのかチェックが必要です。

　そのほか、設立にあたって取り決めなければならない事項で、定款に記載されていないものは発起人決定書を作成します（右図参照）。

46

発起人決定書の作成例

印

発起人決定書

令和○年○月○日、△△県△△市△丁目△番地、発起人□□□は、下記の事項を決定した。

> 払込証明書と同じ日付を記載する

> 本店の住所を記載する

記

1. 発起人が割当を受ける設立時発行株式の数および払込金額を次のとおりとする。
   □□□□　普通株式　○株　金△△万円

1. 設立に際して出資される財産の金額を資本金と市、その額を△△万円とする

1. 設立時取締役を次のとおりにする
   設立時取締役　　□□□□
   なお、被選任者はその就任を承諾した。

> 資本金の総額を記載する

1. 本店の所在場所を次のとおりとする。
   本店　△△県△△市△丁目△番地

> 本店の住所を記載する

以上の決定事項を明確にするため、本決定書を作成し、発起人が次に記名押印する。

令和○年○月○日　―　払込証明書と同じ日付を記載する
○○商事株式会社

発起人　　□□□□　印

基本 04

2章 2日でできる会社登記

個人の実印を押印した 就任承諾書をつくる

役員就任の意思と確認する書類

　株式会社では、出資者が「この人に役員になってほしい」と思って役員候補者を選んだとしても、その人の都合が悪くて辞退することもありえます。そのため、選ばれた人が役員に就任するつもりがあるのかを確認するために、添付書類として、役員の就任承諾書の提出が求められています。

　出資者と役員が同じ場合は、定款に設立時取締役等の記載をすれば提出を省略することも可能ですが、念のため準備しておいたほうがよいでしょう。就任承諾書の押印は個人の実印での押印が必要です。これは、実印での押印と定まっています。

　そして、就任承諾書に押印した印影が本物かどうかを確認するために、印鑑証明書の提出が求められています。印鑑証明書は、登録した印鑑の変更が可能なため、3カ月の有効期間内のものが必要になります。この「3カ月」の判断は、登記の申請日時点から逆算して考えてください。

　登記の申請には、申請書を作成しなければなりません。申請した登記の間違いは、補正という訂正作業を法務局から求められることになり、再度窓口に訪問したり、訂正では対応できない場合は、取り下げおよび再申請を求められる場合もあります。法務局からいつ連絡があってもよいように、申請書の申請人の記載の近くに電話番号を記載しておきます。

役員の就任承諾書作成時の注意点

① 必ず作成しなければならない書類ではない

・発起人がそのまま取締役になる場合は省略可能
・発起人でない人が取締役になる場合は作成が必要となり、発起人ではない取締役1人につき1枚、人数分作成しなければならない

② 取締役に選出された日付を記載する

・定款において選任された場合は定款の作成日を、「設立時取締役選任決議書」において選任された場合はその日付を記載する
・定款の認証日ではないので注意する

③ 必ず押印する

・個人の実印で押印する

④ 印鑑証明書を添付する

・登記日から逆算して3カ月以内に発行されたものを用意する

⑤ 取締役の住所を記載する

・印鑑証明書に記載されている住所を、省略せずに書く

⑥ 商号を記載する

・定款に記載している商号を、省略せずに正式名称で記載する

基本
05
2章　2日でできる会社登記

収入印紙を用意し
登記すべき事項をつくる

収入印紙の扱いに気をつける

　登記すべき事項は、登記簿に反映される内容です。申請者が申請書に記載するか、別途記載事項を入力したCD-Rなどの提出によって申請書の記載の一部として取り扱ってもらえます（右図参照）。法務省のホームページにサンプルがあるので、参考にしながら入力しましょう。

　登記申請書には、添付書類のほかに整えなければならない体裁があります。株式会社の設立であれば、登録免許税の貼付用の台紙に15万円分の収入印紙を貼っておきます。このときに注意したいのは、印紙同士が重ならないようにすることと、収入印紙に割印は絶対にしないことです。

　高額の印紙になるので再貼付という事態は避けたいです。また、割印は法務局の人が行うので、申請者が割ってしまっていると、割っていないものを再度貼付するよう求められてしまいます。なお、高額の収入印紙は、郵便局か法務局の近くの印紙販売所で購入できます。

　また、忘れがちですが、登記申請と同時に、会社の実印の届出を行います。これは申請書と一緒に提出すればよいです。印鑑届出の用紙は法務局に備え付けのものか、法務省のホームページからダウンロードして印刷したものを利用しましょう。オンライン申請の場合は、添付書類を郵送する際に同封します。

50

登記すべき事項提出時に利用できるメディア

❶ CD-R
120mm、
JIS X 0606形式
またはX0610形式

❷ DVD-R
120mm、
JIS X 0606形式
またはX0610形式

登記すべき事項の内容

■ すべての株式会社が登記すべき事項

- 商号
- 目的
- 本店の所在場所
- 資本金の額
- 発行可能株式総数
- 発行済みの株式総数
- 取締役の氏名
- 代表取締役の氏名と住所
- 公告方法

■ 定款などで定めのある場合に登記すべき主な事項

- 株式の譲渡について会社（株主総会）などの承認を要する旨
- 発行する株式の内容と発行可能種類株式総数
- 単元株式数
- 株券発行会社である旨
- 取締役会の設置会社である旨
- 会計参与の設置会社である旨（会計参与の氏名または名称、会計書類の備置する場所）
- 監査役の設置会社である旨（監査役の氏名）
- 会計監査人の設置会社である旨（会計監査人の氏名または名称）
- 公告を電子公告とする場合（URLおよび予備の公告方法）

基本

06
登記日当日の
流れを確認する

2章　2日でできる会社登記

法務局の所在地は念入りに確認する

　ここまで必要な書類を用意できたら、あとはもう提出するだけです。登記日の流れを確認して、法務局へ向かう準備を整えておきましょう（右図参照）。

　法務局の窓口に申請書を持ち込む場合は、大変緊張するでしょう。法務局という存在が身近ではない人にとって、その雰囲気も含めて圧倒されてしまうかもしれません。最寄駅から離れている法務局もあるので、場所は事前に確認をしておきましょう。

　また、すべての法務局が会社設立の登記を受け付けるものではなく、法務局のなかには、不動産登記の業務のみを行っていて、会社設立などの商業登記業務は行っていないところもあります。県によっては、その県の本局のみが商業登記を受け付けるところもあるので、事前にホームページで商業登記の管轄法務局を確認しておきましょう。

　法務局には、不動産登記の受付、証明書の発行受付、商業登記の受付、相談受付などがあるので、申請書などについて心配な人は相談受付を訪ねてください。法務局によっては、相談について事前予約制のところもあるので、予約していない場合は現地で待つこともあります。

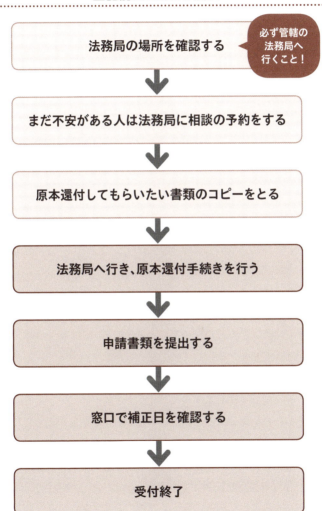

原本還付の申請をする

　商業登記の受付で登記申請書を提出すれば登記申請はできますが、**認証した定款などの添付書類は、提出してしまうと法務局で原本をそのまま預かられてしまい、戻ってきません**。そのため、原本還付という手続きを行います（右上図参照）。

　原本還付というと難しく聞こえるかもしれませんが、原本と一緒にコピーを提出することにより、原本を戻してもらう手続きです。

　そのため、原本還付してもらいたい書類はすべてコピーをとっておきます。コピーサイズはできれば同じサイズがよいです。また、両面コピーだと法務局の人が書類をチェックする際に見にくいので、片面コピーをおすすめします。コピーはホッチキスで留めて、原本還付の印および原本還付の旨、申請人の名前を記載して押印します。ページが複数になる場合は、契印（割印）を押します。

　原本還付する原本を登記申請日に持ち帰りたい場合は、商業登記の受付窓口で原本還付手続きを行います。受付の人に「原本還付お願いします」と声かけて、原本とコピーを見比べてもらいます。見比べて問題なければ確認印をコピーのほうに押印をもらえます。原本をいったん提出して後日受け取ることも可能です。その場合は、原本と原本還付用のコピーを一緒に登記申請します。

　申請をしたら、窓口に補正日という登記完了予定日が掲示されているので、確認をしておきましょう。申請日当日にできることはここまでです。

　なお、登記が完了し、**会社設立の手続きが完了したら、法務局で「印鑑カード交付申請」を済ませておきましょう**（右下図参照）。印鑑カードとは、法人の印鑑証明書を発行する際に必ず必要になるものです。印鑑カード交付申請書を提出すれば、5〜10分で受け取れます。

原本還付のルール

① 原本還付を希望する書面のコピーを用意する

- 用意したコピーはホッチキスで留める
- 余白に「原本に相違ありません」と記入し、申請人が記名、押印する。コピーが複数枚ある場合は、どこか1枚のページに記載する

② 原本は登記申請書と一緒に申請窓口に提出する

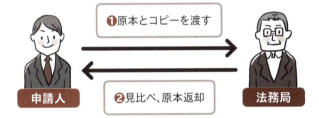

印鑑カードの発行方法

①
会社設立登記完了後、印鑑カード交付申請書を作成する

②
交付申請書を法務局の窓口に提出する

本店所在地の管轄登記所のみで交付手続きができる

③
提出後5～10分でカードが交付される

Column 2 そこには落とし穴がある！

ゼロ円設立には注意

　ネットで「会社設立ゼロ円！」という広告を見ることがあるでしょう。会社設立にかかる費用は定款認証で約5万円、収入印紙代4万円、登録免許税15万円の実費がかかります（合同会社の場合は6万円）。定款印紙代の4万円は電子認証などでカットも可能ですが、それでも20万円近くの費用がかかります。さらに、司法書士に会社設立を依頼した場合は10万円ぐらいの報酬を支払うことになると考えられます。

　それなのに、なぜゼロ円で会社ができるのでしょうか？　それは、ほかの人がその分を立て替えて支払っているからです。でも、なぜわざわざそのようなことをするのでしょうか。それはほかで儲けているからです。会社をつくったあとに、顧問契約をほしい人たちが、顧問料高めで毎月の収入となる分、最初に損をして得をとる方針で対応しているのです。つまり、長い目で見るとそのようなところに依頼している人は損をしていることになります。本来受けるサービスに対し、割高な報酬を支払っているのです。

　また、近時はAIを利用した会社設立申請書の作成などもありますが、問題点としては、入力の際に誤字などがあった場合は、そのまま取り扱われてしまうことです。法務局では申請されたものが誤字かどうかの判断をしないので、明らかに誤字であっても意図的にそう申請していると判断してそのまま登記されてしまいます。また自動化は便利ではありますが、専門家に相談しながら作成ができないので、間違ったら完全に自己責任となってしまいます。

3章

基本

設立したら
終わりではない！
設立後の手続き

会社を設立したら、次は税務や労務関係の手続きが待ち受けています。節税になるポイントを押さえながら、手続きを進めていきましょう

基本
01

3章　設立したら終わりではない！　設立後の手続き

社長の強い味方！
税理士を決める

気の合う税理士との出会い方

　会社を設立すると、さまざまな税金と関わることになります。会社員であれば、税金について考えるのは年末調整時や確定申告時だけだったでしょうが、会社の経営者となればそうはいきません。それに加え、会社の大切な財務状況を知るためにも、顧問税理士がいたほうがよいでしょう。税金と会計という2つの側面を確実かつ迅速に知るために、税理士に顧問依頼をするべきです。

　ただ、いきなり「税理士に顧問依頼をしろ」といわれても、どうやって探せばよいのかわからないというのが実情でしょう。そこで、税理士を探すポイントを紹介していきます。

　まずは、インターネットで検索したり、近くの税理士会に連絡して税理士にアポイントを取り、実際に会ってみてください。そして、「質問しやすいか」「経験値の高い担当がつくか」「最新の税法を勉強しているか」「顧問料は適切か」、この4点を満たしているかを確認しましょう。

　何人かの税理士に会ってみて、一番条件のよい税理士と契約するようにしましょう。顧問料が安いからという理由で決めてしまうと、痛い目に合うかもしれないので、顧問料だけを判断材料にするのではなく、自分にとってコミュニケーションをとりやすい税理士であるかという点に重点を置いて探すと、アタリの税理士に出会えるはずです。

税理士の探し方

① インターネットで検索する

- 税理士の検索サイト（税理士ドットコムなど）で、会社近くの税理士に連絡してみる（ホームページも見て雰囲気を確認する）

② 書籍の著者に問い合わせる

- 書籍を読むと、その税理士の考え方を理解できるので、よさそうであれば著者プロフィールを確認し、問い合わせをする

③ 近くの税理士会に連絡する

- 税理士会に連絡をすると、税理士を紹介してもらえる
- 税理士会は税務署単位であるので、本店所在地を管轄する税理士会に連絡する

税理士を選ぶときのポイント

質問しやすいか
自分にとってコミュニケーションをとりやすいか、疑問点について聞きやすいか

勉強していそうか
税制は頻繁に改正されるもの。最新の情報をきちんと勉強しているか否か

担当の経験値は高いか
新人の場合はフォロー体制を確認する

顧問料は適切か
事業内容と料金が見合っているか

基本
02

3章　設立したら終わりではない！　設立後の手続き

実は開設が難しい！
法人の銀行口座開設

口座開設の審査は厳しい

　現代社会において、会社と会社同士で取引をする場合、お金の支払いはほとんどが振り込みによって行われています。**会社を設立して事業を行っていくにあたって、銀行口座を持っていないのは致命的です**。会社の銀行口座はそのぐらい大切なものです。

　では、いつ口座をつくることができるのでしょうか？　一昔前は、資本金を入れる別段預金口座をつくり、会社設立後に会社名義の口座をつくるかたちが主流でしたが、現在では、資本金は出資者の個人口座に入れておき、登記後に法人の口座をつくるのが主流となっています。

　銀行としては、会社（法人）の口座を開設するという行為は、銀行がその会社を認めることにもなるので、厳しくチェックを行います。反社会勢力が役員に入っていないか、振り込め詐欺の口座に利用されるおそれはないか、悪用されるおそれはないか——。金融機関は社会の公器の側面も持つので、そういったところを見逃すわけにはいきません。

　そのため、個人的に信用がある人や個人事業で口座があり、実績もある人が会社をつくる（法人成りをする）場合は銀行も協力的ですが、個人での取引もないような人が銀行に相談しても、門前払いのような扱いを受ける可能性もあります。

60

銀行口座開設の流れ

代表者

銀行の店頭で口座開設の相談をする
必要書類を持参する

銀行

必要書類をもとに
銀行が口座開設の審査をする

代表者

審査に通ったら
店頭へ行き、申込書を記入する

銀行

銀行が手続きを進める

代表者

口座開設完了
店頭で通帳を受け取る

出所：みずほ銀行ホームページより編集部作成

創業支援に力を入れている金融機関を選ぶ

　60ページで説明したように、口座開設には高いハードルがあります。実際のところ、脱サラして会社を設立する場合などは、都市銀行や地方銀行などよりも、**創業支援に力を入れている金融機関や信用金庫などに相談するほうがよい**でしょう。また、給与振込口座や住宅ローンで利用している金融機関の支店などを検討してみるのもよいです。信用金庫は支店ごとに担当エリアが決まっているので、営業エリアを確認して該当支店に相談しましょう。つくった会社の本店近くの金融機関にするのもよいでしょう（右上図参照）。

　金融機関は、過去の取引実績など、各種の情報を持っています。過去にその銀行と揉めた人や、銀行内部において要注意人物として見られている人が役員や出資者に入っている場合は、口座開設を断られることもあります。反社会勢力の人が入っている場合は、間違いなく断られます。その他、風俗やギャンブルなどの職種も同様です。

　口座開設の際には、会社全部事項証明書や会社印鑑証明書、会社定款、会社実印、作成済みの場合は会社銀行印、そして代表者の本人確認のできるものなどを持参のうえ、手続きを行います。

　事前に口座開設の相談をしない場合、申し込み後に銀行が各種チェックをするので、**申し込んでから口座開設まで2週間ほどかかることもあります**。設立の登記申請時から計算すると、それらの手続きだけで1カ月近くかかってしまってしまうので、入金がある関係で、急ぎで銀行口座を開設したい場合は、スケジュールに余裕を持たせましょう。

　なお銀行によっては、口座開設にあたり、代表者との面談や設立趣意書の提出、事業計画書の作成および提示を求められることもあります。

金融機関とその特徴

銀行	特徴	口座開設のための対策法
都市銀行	知名度が高い 審査が厳しい	賃貸契約書を準備する 固定電話を設置する
地方銀行	地域密着型 特定地域以外は使いにくい	
ネットバンク	手数料などが安値 金融サービスが少ない	ホームページを作成する
信用金庫 狙い目！	融資に積極的 知名度が低い	事務所を借りる

口座開設審査で見られるポイント

資本金の金額

資本金1円でも会社はつくれるが、資本金の額が低すぎると、ペーパーカンパニーだと疑われ、審査が通りにくくなる

事務所の所在地

バーチャルオフィスでは、実態を確認できないなどの理由により、審査が通らないおそれがある

事業内容

定款に記載されている事業内容に一貫性がないと、不明確だと判断され、不信感を抱かれるおそれがある

基本
03

3章　設立したら終わりではない！　設立後の手続き

登記がゴールではない
会社設立後の手続き

怠ると不利になる税務の手続き

　**法務局から会社の謄本を入手したら、次に税務の届出をする必要があ
ります。**これらを怠ってしまうと税務上不利になるおそれがあるので、
必ず提出してください（右図参照）。

　届出の提出先は、原則として、自社の本店所在地を所轄する税務署・
都道府県・市町村になります。市町村は把握しやすいですが、税務署と
都道府県は間違えてしまうケースが多々あるので注意が必要です。

　たとえば、東京都千代田区大手町に本店を置いている会社であれば、
インターネットで「千代田区　所轄税務署」と検索してみてください。
そうすると、千代田区には2つの税務署があり、大手町はそのうちの麹
町税務署の管轄であるとわかります。

　都道府県税事務所も同様に検索します。都道府県の場合、税目によっ
て所轄が違うケースがあるので注意してください。

　**会社設立後、最初に提出する税目は「法人事業税・地方法人特別税・
法人都民税」です。**たとえば、東京都文京区の会社だと、所轄都税事務
所は千代田都税事務所なので、そこに提出します。誤って文京都税事務
所に提出しないようにしてください。なお、東京23区の場合、区への
届出は不要となります。

会社設立後に提出する書類

■必ず提出する届出書・申請書

書類名	税務署	県税事務所	市町村
法人設立届出書	○	○	○
青色申告承認申請書	○	—	—

設立後2カ月以内に提出

■提出しておいたほうがよい申請書

書類名	税務署	県税事務所	市町村
申告期限の延長の特例の申請書	○	○	○

法人税の申告期限を延長できる

■会社の状況に合わせて提出する届出書・申請書（一部抜粋）

届出書名	備考
給与支払事務所の開設届出書	給与の支払いを開始した場合
源泉所得税の納期の特例に関する申請書	給与の支給人員が常時10人未満の場合
棚卸資産の評価方法の届出書	棚卸資産につき低価法を適用する場合
棚卸資産の特別な評価方法の承認申請書	特別な評価方法を採用したい場合
有価証券の1単位当たりの帳簿価額の算出方法の届出書	
減価償却資産の償却方法の届出書	法定償却方法以外の方法を採用したい場合
消費税課税事業者選択届出書	免税事業者が課税事業者を選択する場合
消費税簡易課税制度選択届出書	簡易課税制度の適用を受けたい場合

基本
04

3章　設立したら終わりではない！　設立後の手続き

法人設立届出書は
設立2カ月以内に提出

会社の設立を税務署に届け出る

　会社設立後2カ月以内に、納税地の所轄税務署長へ「法人設立届出書」を提出します（右図参照）。

　この届出書の提出により、会社を設立したことを税務署に通知できます。提出後、税務署から申告書や納付書、各種通知書などが送られてきます。

　法人設立届出書には、「定款の写し」「株主名簿」「設立時貸借対照表」を添付する必要があります。株主名簿と設立時貸借対照表はフォーマットがないので、自分で作成します。インターネットで検索するとさまざまなフォーマットがヒットするので、自社にあったものを利用すればよいでしょう。

　なお法人設立届出書は、**都道府県及び市町村にも提出が必要**です（東京23区の場合は都税事務所のみ）。それぞれフォーマットが異なるので、各地方団体のホームページなどで確認してください。また、提出期限は地方団体により異なる場合があるので、こちらも各地方団体に確認するようにしましょう。

法人設立届出書の記入方法

登記簿謄本に記載されている内容を記入

法人の基本情報を記入

3章 設立したら終わりではない！設立後の手続き

法人設立届出書

※ 整理番号

税務署受付印	本店又は主たる事務所の所在地	〒　　　　　　電話（　　　）　　－
	納　税　地	〒
平成　年　月　日	（フリガナ）	
	法　人　名	
	法　人　番　号	
税務署長殿	（フリガナ）	
	代　表　者　氏　名	㊞
新たに内国法人を設立したので届け出ます。	代　表　者　住　所	〒　　　　　　電話（　　　）　　－

設 立 年 月 日	平成　　年　　月　　日	事 業 年 度	（自）　月　日　（至）　月　日
設立時の資本金又は出資金の額	円	消費税の新設法人に該当することとなった事業年度開始の日	平成　　年　　月　　日
事業の目的	（定款等に記載しているもの）　　　　（現に営んでいる又は営む予定のもの）	支店・出張所・工場等	名　　称　　所　　在　　地

定款に記載されている事業年度を記入

設 立 の 形 態	1 個人企業を法人組織とした法人である場合 2 合併により設立した法人である場合 3 新設分割により設立した法人である場合（□分割型・□分社型・□その他） 4 現物出資により設立した法人である場合 5 その他（　　　　　　　　　　　）			
設立の形態が1～4である場合の設立前の個人企業、合併により消滅した法人、分割法人又は出資者の状況	事業主の氏名、合併により消滅した法人の名称、分割法人の名称又は出資者の氏名、名称	納　税　地		事 業 内 容 等
設 立 の 形 態 が 2 ～ 4 で あ る 場 合 の 適 格 区 分	適　格・その他	添付書類等	1 定款等の写し 2 株主等の名簿 3 設立趣意書 4 設立時の貸借対照表 5 合併契約書の写し 6 分割計画書の写し 7 その他（　　　　　）	
事業開始（見込み）年月日	平成　　年　　月　　日			
「給与支払事務所等の開設届出書」提出の有無	有　・　無			
関与税理士	氏　　名			
	事務所所在地　　電話（　　　）　　－			

該当するものに〇をつける

67

基本
05

3章　設立したら終わりではない！　設立後の手続き

特典を受けるために
青色申告をする

青色申告の期限は設立後３カ月以内

　青色申告という言葉を聞いたことがあるでしょう。法人の申告種類は青色と白色があり、何もしなければ白色、申請して承認を受ければ青色となります。

　青色申告には、「①欠損金の繰越控除」「②特別償却・割増償却」「③各種税額控除」「④推計課税を受けない」という４つの特典があります。

　①欠損金の繰越控除は、過去に生じた欠損金を翌年以降に繰り越せる権利です。発生した赤字は最大で10年間繰り越せ、繰越欠損金がある場合は、翌年以降に黒字が発生した際にその欠損金を充当できます。②特別償却・割増償却とは、特定の資産を取得した場合に、通常の減価償却費にプラスして減価償却費を計上できるようになる制度です。白色申告の場合は通常の減価償却費しか費用にできないので、節税につながります。③各種税額控除とは、一定の支出を当期の税額から直接控除できる制度です。そして、④推計課税を受けないとは、税務署に勝手に利益を推計されるおそれがないということです。白色申告の場合、税務調査で調査官が勝手に推計して利益を計算することもできますが、青色申告をしているとそのような事態を避けられます。

　青色申告の承認を受ける場合には、青色申告承認申請書を会社設立後３カ月以内、または設立事業年度終了日のいずれか早い日までに、所轄税務署長に提出する必要があります。

68

青色申告の承認申請書の記入方法

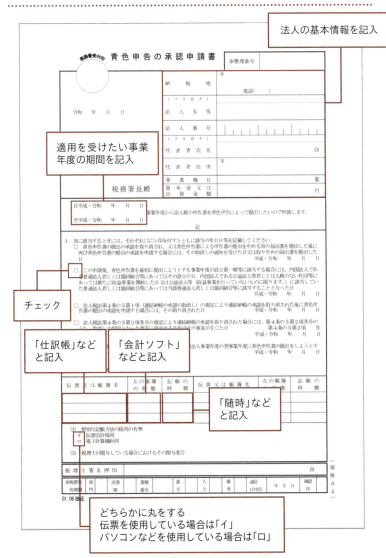

基本
06

3章　設立したら終わりではない！　設立後の手続き

給与の支払いを始めたら開設届出書を提出する

社長一人の会社でも給与支払いがあれば提出する

　会社を設立後、誰かしらに給与を支払う場合は、**1カ月以内に「給与支払事務所等の開設届出書」を所轄税務署長に提出する必要があります。**なお、従業員を雇っていなかったとしても、自分の役員報酬を支払う場合はこの届出書を提出しなければなりません。

　というのも、給与を支払う場合、その給与から所得税を先に徴収する必要がありますが（これを「源泉所得税」といいます）、この届出書は源泉の対象となる給与の支払いがあるかどうかを税務署が確認するための資料になるからです。

　この届出書を提出しておくと、税務署から定期的に法人の住所などが記載された納付書が送られてくるので、納付書を近くの金融機関（銀行・郵便局等）か税務署に持ち込んで源泉所得税を納税します。

　なお、**徴収した源泉所得税がゼロの場合も、ゼロ円と納付書に記載して、税務署に持ち込むか郵送する必要があります。**提出していないと税務署から問い合わせがくることがあるので、注意してください。

　源泉所得税の納付期限は、原則として、給与などを支払った月の翌月10日になるので、忘れずに納付しましょう。

給与支払事務所等の届出書の記入方法

いずれか該当する
ほうにチェック

法人の基本情報を記入

3章 設立したら終わりではない！ 設立後の手続き

※整理番号

給与支払事務所等の開設・移転・廃止届出書

税務署受付印

平成　　年　　月　　日

税務署長殿

所得税法第230条の規定により次の
とおり届け出ます。

事務所開設者	住所又は本店所在地	〒　　　　電話（　　　）　　　―
	（フリガナ）	
	氏名又は名称	
	個人番号又は法人番号	個人番号の記載に当たっては、左端を空欄とし、ここから記載してください。
	（フリガナ）	
	代表者氏名	㊞

(注)　「住所又は本店所在地」欄については、個人の方については申告所得税の納税地、法人については本店所在地（外国法人の場合には国外の本店所在地）を記載してください。

開設・移転・廃止年月日　平成　　年　　月　　日　　給与支払を開始する年月日　平成　　年　　月　　日

○届出の内容及び理由
（該当する事項のチェック欄□に✓印を付けてください。）

「給与支払事務所等について」欄の記載事項

		開設・異動前	異動後
開設	□ 開業又は法人の設立 □ 上記以外 ※本店所在地等とは別の所在地に支店等を開設した場合	開設した支店等の所在地	
移転	□ 所在地の移転 □ 既存の給与支払事務所等への引継ぎ （理由）□ 法人の合併　□ 法人の分割　□ 支店等の閉鎖 　　　　□ その他 　　　（　　　　　　　　　　　　　　）	移転前の所在地 引継ぎをする前の給与支払事務所等	移転後の所在地 引継先の給与支払事務所等
廃止	□ 廃業又は清算結了　□ 休業		
その他（　　　　　　　　　　　　　　　　）		異動前の事項	異動後の事項

○給与支払事務所等について

	開設・異動前	異動後
（フリガナ） 氏名又は名称		
住所又は所在地	〒 電話（　　）　　―	電話（　　）　　―
（フリガナ） 責任者氏名		
従事員数　役員　　　人　従業員　　　人	（　　）人　（　　）人　（　　）人　計　　　人	
（その他参考事項）		

責任者の氏名を記入

給与を支払う人数を記入

71

基本
07

3章 設立したら終わりではない！ 設立後の手続き

特例の申請書を出して
申告期限を延ばす

申告期限を1カ月延長できる制度

　通常、法人税の申告期限は、事業年度終了日から2カ月以内とされています。しかし、**2カ月以内に決算が確定しない場合は、1カ月間の延長が認められています**。

　この場合、延長を受ける理由は、決算が確定しないためとなるので、**定款に「定時株主総会の開催が事業年度終了後3カ月以内」という記載がある必要があります**。申告が間に合わない場合は、定款にその旨が記載されているかを確認して、延長申請をしましょう。延長申請時には「申告期限の延長の特例の申請書」を提出します（右図参照）。また、地方税の申告を延長したい場合も同じ申請をする必要があるので、同時に提出しておきましょう。

　なお、**延長申請をしていても納税期限は2カ月以内となります**。2カ月を超えた場合は利子税という税金を取られてしまうので、2カ月以内に申告できない場合は概算で納税をしておくことをおすすめします。

　また、消費税の申告は延長ができないので、法人税や地方税の延長申請をしていても、2カ月以内に申告をする必要があります。

　なお、申請時には、定款の添付が必要です。

申告期限の延長の特例の申請書の記入方法

適用を受けたい事業年度の期間を記入

申告期限の延長の特例の申請書

※整理番号

※連結グループ整理番号

税務署受付印	提出法人	納 税 地	〒 電話（　　）　－
平成　年　月　日	単連体結法視人法人 □□	（フリガナ） 法 人 名 等	
		法 人 番 号	
チェック		（フリガナ） 代 表 者 氏 名	印
		代 表 者 住 所	〒
税務署長殿		事 業 種 目	業

自平成　年　月　日 至平成　年　月　日	□ 事業年度から法人税の確定申告書 □ 連結事業年度から法人税の連結確定申告書	の提出期限の延長をし、延長月数の

指定若しくは指定の取消しを受け又は延長月数の変更をしたいので申請します。

記

申告期限延長期間	(1) 申告期限が延長されていない法人 　□ 申告期限を1月（連結事業年度は2月）延長したい場合 　□ 申告期限の延長及び2月（連結事業年度は3月）以上の延長月数の指定を受けたい場合　　その月数（　　） (2) 申告期限が1月（連結事業年度は2月）延長されている法人 　□ 2月（連結事業年度は3月）以上の延長月数の指定を受けたい場合　　その月数（　　） (3) 2月（連結事業年度は3月）以上の延長月数の指定を受けている法人 　□ 延長月数の指定の取消しを受け、1月（連結事業年度は2月）延長としたい場合　　取消し前の月数（　　） 　□ 2月（連結事業年度は3月）以上の範囲内で延長月数の指定を受けている月数を　　変更前の月数（　　） 　　変更したい場合　　　　　　　　　　　　　　　　　　　　　　　　　　　　　変更後の月数（　　）

各事業年度若しくは各連結事業年度終了の日の翌日から2月以内（延長月数の指定を受けようとする場合には事業年度終了の日の翌日から3月以内又は連結事業年度終了の日の翌日から4月以内）に各事業年度若しくは各連結事業年度の決算についての定時総会が招集されない、又は各事業年度若しくは各連結事業年度所得の金額若しくは連結欠損金額及び法人税の額の計算を了することができない理由	根拠条文	□ 法人税法第75条の2第1項（同法第144条の8において準用する場合を含む。）又は同法第81条の24第1項 □ 法人税法第75条の2第1項第1号（同法第144条の8において準用する場合を含む。）又は同法第81条の24第1項第1号 □ 法人税法第75条の2第1項第2号（同法第144条の8において準用する場合を含む。）又は同法第81条の24第1項第2号 □ 法人税法第75条の2第2項（同法第144条の8において準用する場合を含む。）又は同法第81条の24第2項
その他の参考事項	書添類付等	1　定款等の写し 2　その他

「定款に事業年度終了日の翌日から3カ月以内に株主総会を開催するとあるため」と記入

3章 設立したら終わりではない！ 設立後の手続き

73

基本
08

3章　設立したら終わりではない！　設立後の手続き

税率に注意して
役員給与を設定する

所得税率は法人税率より高い

　会社を設立したら、自分の役員給与を決定する必要があります。個人事業者の場合、収益から費用を差し引いた金額が自分の取り分となりますが、法人の場合、**収益は法人の利益となり、そこから役員給与を差し引いて利益を計算する**ことになります。

　たとえば、法人の利益が1000万円で、そこから役員給与を1000万円計上した場合、法人の利益はゼロ円になります。法人の利益がゼロなので、法人税はかかりません。

　そうすると、「税金を払いたくないから会社の利益を全部役員給与にしてしまえばよいのでは」と思うかもしれませんが、役員給与は事業年度開始日から3カ月以内に決定する必要があるので、そうはいきません。先に役員給与を決めるので、法人の利益と同額の役員給与を設定できる可能性は極めて低いでしょう。

　なお、役員給与は経理上で「費用」になるのであれば、利益のうち大部分を役員給与に設定しておけば節税できるのではないかと考えるかもしれませんが、残念ながら役員給与に対しては所得税がかかります。**所得税の最高税率は法人税の税率よりも高いため、役員給与が高過ぎると税負担が上がってしまいます**（右図参照）。

　また、役員給与には社会保険もかかり、役員給与の約15％が会社負担となるので、社会保険料も加味して役員給与を決定しましょう。

74

所得税率を考慮して役員給与を決める

■所得税の早見表

課税される所得金額	税率	控除額
195万円以下	5%	0円
195万円超え～330万円以下	10%	9万7500円
330万円超え～695万円以下	20%	42万7500円
695万円超え～900万円以下	23%	63万6000円
900万円超え～1800万円以下	33%	153万6000円
1800万円超え～4000万円以下	40%	279万6000円
4000万円超え	45%	479万6000円

※復興所得税が所得税×2.1%、住民税が10%加算される

法人税の実効税率は**約30%**
→ 役員給与を1000万円以下に設定すると**節税になる**

ココが Point!

役員給与は所得税と社会保険料に注意して決める

基本
09

3章　設立したら終わりではない！　設立後の手続き

従業員の代わりに
会社が所得税を納める

会社が所得税を代わりに納める源泉徴収制度

　個人に対して給与や報酬を支払う際、所得税を差し引いて支払わなければならないケースがあります。この差し引いた所得税のことを源泉所得税といい、所得税を源泉する制度のことを源泉徴収制度といいます。

　源泉徴収制度とは、給料や報酬を支払う際に、支払い者である会社が従業員の所得税分を差し引いて、従業員の代わりに国に納めるしくみです。

　源泉徴収の対象となる支払いは、役員や従業員に対する給与・賞与・退職金、個人に対する原稿料や講演料、税理士や弁護士等の専門家に対する報酬などが該当します。

　給与に対する源泉所得税は、給与所得の源泉徴収税額表を使って算出するので、国税庁のホームページよりダウンロードして使ってください。また、報酬等の源泉所得税額は、原則として、支払額×10.21％になります。

　源泉所得税の納付期限は、給与を支払った月の翌月10日（その日が銀行営業日でない場合は、翌営業日）になりますが、給与や税理士等の報酬にかかる源泉所得税については、半年に一度の納付で済む納期の特例の適用を受けることができる場合があります（78ページ参照）。右図を参照して、誤りなく納付書を記入し、納付するようにしましょう。

76

納付書の記入方法

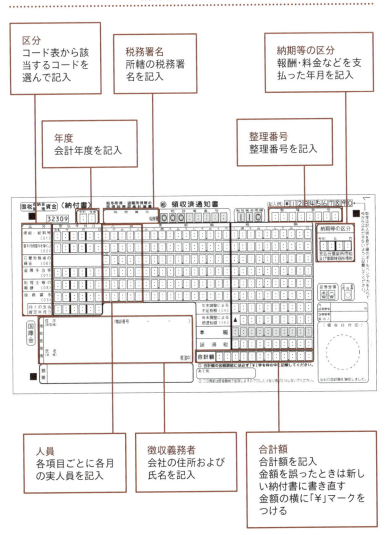

区分
コード表から該当するコードを選んで記入

年度
会計年度を記入

税務署名
所轄の税務署名を記入

納期等の区分
報酬・料金などを支払った年月を記入

整理番号
整理番号を記入

人員
各項目ごとに各月の実人員を記入

徴収義務者
会社の住所および氏名を記入

合計額
合計額を記入
金額を誤ったときは新しい納付書に書き直す
金額の横に「¥」マークをつける

3章 設立したら終わりではない！設立後の手続き

基本 10

3章 設立したら終わりではない！ 設立後の手続き

所得税の納付が
半年に一回になる申請書

面倒な納付作業の回数を減らせる

　源泉所得税を毎月納付するのは、結構な手間になります。そこで、給与の支給人員が常時10人未満の事業者に限り、**「源泉所得税の納期の特例の承認に関する申請書」を提出すれば、源泉所得税の納付を毎月ではなく半年に一度にすることができます**（右図参照）。

　特例を受けた場合の納付月は、毎年1月20日と7月10日です。1月〜6月分を7月10日に、7月〜12月分を翌年1月20日に納税します。

　ただし、この特例が適用できる源泉所得税は、給与と税理士などの報酬分だけになります。その他の源泉徴収分については、原則通り翌月10日までに納付する必要があるので、混同しないように注意してください。

　なお、この申請書の効力は、提出月の翌月分からになります。たとえば、8月分の源泉徴収から特例を受けたい場合は、7月中に申請書を提出しておく必要があります。

　設立と同時に提出したとしても、設立月の源泉所得税は通常通り翌月10日の支払いになるので、間違えないようにしましょう。なお、設立月に給与を支払わず、翌月にまとめて支払えば、最初から特例を受けた状態ということになります。

　ちなみに、**給与の支給人員が10人未満でなくなった場合には、「源泉徴収の納期の特例の要件に該当しなくなったことの届出書」を提出する必要があります。**

源泉所得税の納期の特例の承認に関する申請書の記入方法

法人の基本情報を記入
開業したての場合はここだけの記入でよい

源泉所得税の納期の特例の承認に関する申請書

	※整理番号	

税務署受付印		住　所　又　は 本店の所在地	〒
			電話　　　−　　　−
平成　　年　　月　　日		（フリガナ）	
		氏名又は名称	
		法　人　番　号	※個人の方は個人番号の記載は不要です。
税務署長殿		（フリガナ）	
		代表者氏名	㊞

次の給与支払事務所等につき、所得税法第216条の規定による源泉所得税の納期の特例についての承認を申請します。

給与支払事務所等に関する事項	給与支払事務所等の所在地 ※ 申請者の住所（居所）又は本店（主たる事務所）の所在地と給与支払事務所等の所在地とが異なる場合に記載してください。	〒 電話　　　−　　　−		
	申請の日前6か月間の各月末の給与の支払を受ける者の人員及び各月の支給金額 〔外書は、臨時雇用者に係るもの〕	月　区　分	支　給　人　員	支　給　額
		年　　月	外　　　　　人	外　　　　　円
		年　　月	外　　　　　人	外　　　　　円
		年　　月	外　　　　　人	外　　　　　円
		年　　月	外　　　　　人	外　　　　　円
		年　　月	外　　　　　人	外　　　　　円
		年　　月	外　　　　　人	外　　　　　円
	1　現に国税の滞納があり又は最近において著しい納付遅延の事実がある場合で、それがやむを得ない理由によるものであるときは、その理由の詳細 2　申請の日前1年以内に納期の特例の承認を取り消されたことがある場合には、その年月日			

※給与の支給人員が常時10人未満でなくなった場合、「源泉所得税の納期の特例の要件に該当しなくなったことの届出書」を提出する

基本
11

3章　設立したら終わりではない！　設立後の手続き

署名欄のある
雇用契約書を作成する

労働条件通知書と雇用契約書の違い

　労働基準法では、労働者を採用した場合、主要な労働条件を労働者に通知することを義務づけています。その内容を書面にしたものが、一般的に「労働条件通知書」と呼ばれているものです（右図参照）。

　一方、「雇用契約書」と呼ばれる書類がありますが、こちらは労働条件通知書と異なり、事業主と労働者が労働条件について納得をして署名・押印したものになります。

　法的には労働条件通知書の交付だけでよいことになっていますが、労働条件通知書はあくまで事業主が労働条件を"通知"しただけのものなので、何かトラブルが起きた際に、問題となる可能性があります。また、万が一、労使間でトラブルが発生した場合には、合意したサイン（署名・押印）がある雇用契約書の内容が重要視されます。

　こういった問題を回避するためにも、事業主と労働者が労働条件について同意したことを示す署名・捺印がある書類を最初に用意しておくに越したことはありません。

　ですが、雇用契約書をいちいち取り交わすのも仰々しいし面倒だと考える人もいるでしょう。その場合は、労働条件通知書に署名・捺印欄を加えた「労働条件通知書兼雇用契約書」という形式で雇用契約を結びましょう。フォーマットはインターネットで検索して、自社に合ったものを使うようにしてください。

労働条件通知書に明示すべき事項

書面交付による明示事項
労働契約の期間
就業の場所・従事すべき業務
始業・終業の時刻／所定労働時間を超える労働（早出・残業などの有無）／休憩時間／休日／休暇／労働者を2組以上に分けて就業させる場合における就業時転換に関する事項
賃金の決定／計算・支払いの方法／賃金の締め切り・支払いの時期
解雇の事由を含む退職に関する事項
昇給に関する事項

口頭の明示でもよい事項	
退職手当の定めが適用される労働者の範囲／退職手当の決定／計算・支払いの方法および支払い時期	
臨時に支払われる賃金、賞与などおよび最低賃金額に関する事項	
労働者に負担させる食費、作業用品などに関する事項	
安全・衛生	職業訓練
災害補償、業務外の傷病扶助	表彰、制裁
休職	昇給に関する事項

※パートタイマーには下記の4点を明示する
昇給の有無／退職手当の有無／賞与の有無／相談窓口

基本
12
3章 設立したら終わりではない！ 設立後の手続き

従業員が自分一人でも社会保険に加入する

手続きは管轄の年金事務所で行う

社会保険とは、一般的に健康保険と厚生年金からなる保険で、会社から給料をもらっている人を対象とした制度です。

法人を設立したら、規模や業種に関係なく、強制的に社会保険に加入することが義務づけられています。というのも、法人の場合、すべての事業所が加入対象となる「強制適用事業所」に該当するからです。

一人で会社を立ち上げた場合、社会保険に加入する必要はないのではないかと思うかもしれませんが、役員給与を支払う場合は必ず社会保険に加入する必要があります。ですので、役員給与の額が決まったら、管轄の年金事務所に行って加入の手続きをしましょう（右図参照）。

ちなみに、設立当初は資金繰りが厳しいなどの理由から、役員給与がゼロ円になることもあるでしょう。そのような場合は、役員給与をもらっていないと判断されるので、社会保険への加入義務はありません。ですが、年金事務所では、定期的に事業者に対して総合調査を実施しています。ですので、その際に、無報酬ゆえに加入していないなど、理由をきちんと説明できるように議事録などを作成しておきましょう。

なお、**社会保険料は労使折半となっているため、健康保険料・厚生年金保険料は会社と労働者で半額ずつ負担をします**。毎月の給与から社会保険料分を控除して支給し、その控除分と会社負担分を合わせた金額を年金事務所に支払うことになります。

82

社会保険に加入義務のある労働者

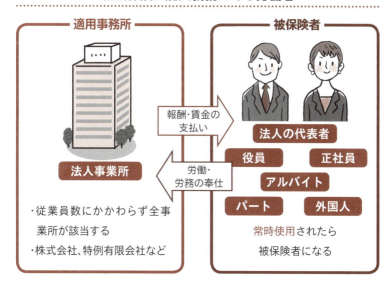

被保険者の定義

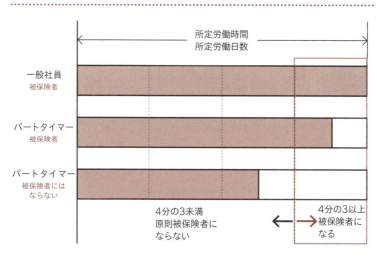

社会保険の加入には新規適用届を提出

　社会保険に加入する場合、「新規適用届」を事業所所在地の管轄年金事務所に提出するか、管轄の事務センターに郵送で提出します。添付書類は「法人登記簿謄本（原本）」「法人番号指定通知書のコピー（法人番号を確認できるもの）」です。登記簿謄本については原本が必要になります。また、法人番号指定通知書がまだ入手できていない場合は、国税庁法人番号公表サイトで確認した法人情報の画面を印刷して添付することも可能です。

　なお、事業所の所在地がこれらの添付書類と異なる場合は、事業所の賃貸借契約書のコピーなど、所在地がわかる書類を用意する必要があります。

　新規適用届の提出期限は、社会保険に加入する事実が発生した日から5日以内ですが、会社を新設した場合、設立してから登記簿謄本が入手できるまで1～2週間程度かかるので、謄本取得後、速やかに手続きをするようにしましょう（右上図参照）。

　また、新規適用届のほかに、新たな労働者を雇い社会保険を取得する必要が生じた際に届け出る「被保険者資格取得届」という書類も同日に提出します。さらに、その加入者に被扶養者がある場合は「健康保険被扶養者（異動）届」の提出も必要になるので、注意してください。これらの書類は年金事務所に行けば一式でもらうことができますが、時間がない場合は年金事務所のホームページから必要書類をダウンロードすることができるので、活用してみてください。

　なお、**新規適用届は事業所が社会保険に加入する際に一度だけ提出する書類ですが、そのほかの書類は加入義務のある人を雇い入れた場合、その都度提出する必要があります。**

社会保険加入手続きの流れ

被保険者資格取得届の記入方法

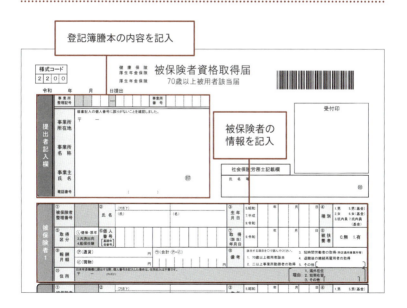

基本

13

3章　設立したら終わりではない！　設立後の手続き

従業員を雇ったら
労働保険に加入する

労働保険料は概算による前払い

　労災保険と雇用保険の保険料の申告および納付などを両保険一本として行う事業である一元適用事業の会社が、労働者を雇用することになった場合、「労働保険」に加入しなければなりません。**労働保険とは、労災保険と雇用保険の2つを合わせたもの**を指します。

　労働保険に加入するためには、「労働保険保険関係成立届」を登記簿謄本とともに労働基準監督署に提出する必要があります（右図参照）。この届出の提出によって、労災保険と雇用保険を適用する事業者に該当したことになるので、労働保険料を納めるための「労働保険概算保険料申告書」の提出も必要になります。これは、雇用する労働者の賃金をベースに労働保険料を概算で計算したものです。

　労働保険料は、労働保険が適用された月から次の3月分までを前払いするものになります。たとえば、10月に適用された場合は10月から翌年3月までの6カ月分、1月に適用する場合は、1月から3月までの3カ月分の支給見込み賃金に一定率を乗じて、労働保険料を前払いします。

　なお、適用の翌年以降は、前年度の確定保険料とその年度の概算保険料を計算して、前年に概算で支払った金額を控除し、その年度の支払額を毎年6月1日から7月10日までに申告することになります。

　労災保険は、一人ひとり加入手続きをする雇用保険と違い、支払う賃金をもとに保険料を計算するのが特徴です。

86

労働保険加入で提出する書類と提出先

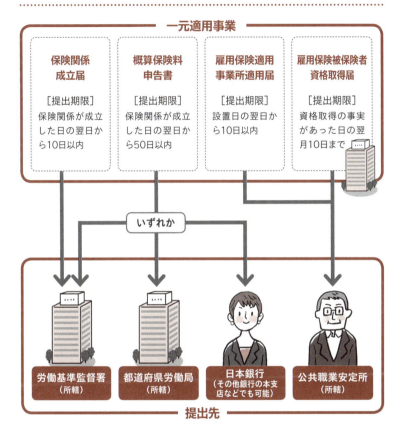

雇用保険の労働者負担分は給与から控除

　従業員が仕事中や通勤中に怪我をした場合などに、治療費や休業中の補償を受けるための保険である労災保険は、パートやアルバイトを含む全労働者が加入対象です。ですが、主に従業員が退職した際に失業給付を受けるための保険である雇用保険の場合は、加入対象の範囲が狭まります。具体的には、**臨時内職的に就労する人や、所定労働時間が週20時間未満の人は雇用保険の被保険者とはなりません**（右上図参照）。

　雇用保険の被保険者に該当する労働者を雇用した場合は、雇用保険の加入手続きが必要です。「雇用保険適用事業所設置届」という書類を所轄のハローワークに提出すれば、手続きは完了します。

　なお、労働保険保険関係成立届の控えを添付する必要があるので、先に労働保険の届け出をしたあとに、提出することになります。ほかには、法人の登記簿謄本が必要になるので、取得しておきましょう。

　また、雇用保険適用事業所設置届は単体で手続きするものではありません。雇用保険に加入する労働者がいるので、「雇用保険被保険者資格取得届」と一緒に提出します。これらの届け出を提出したあとに、新たに雇用保険の被保険者となる労働者を雇用した場合は、その都度、雇用保険被保険者資格取得届を提出することになります。

　労災保険料はすべて会社が負担しますが、雇用保険料は会社と労働者で負担をします。負担割合は、労働者が3／1000、会社が6／1000となります（2019年度、一般事業の場合）。雇用保険の労働者負担分は、毎月の給料から控除するので、給与明細を作成する際は注意してください（右下図参照）。

雇用保険加入の確認チャート

労働者が下記の条件にすべてあてはまる

□ 正社員や契約社員、パートタイマー、アルバイトなど
□ 31日以上の雇用を見込んでいる
□ 週20時間以上の勤務である

 Yes → 雇用保険と労災保険の加入対象

 No → 労災保険のみの加入対象

社会保険負担額

■給与が20万円の場合（東京都・40歳未満・その他各種事業の場合）

	労働者負担	会社負担	合計
健康保険	9900円	9900円	1万9800円
厚生年金	1万8300円	1万8300円	3万6600円
雇用保険	600円	1200円	1800円
労災保険	—	600円	600円

※2019年4月1日現在の料率で計算

会社がまとめて納付する

基本
14

3章　設立したら終わりではない！　設立後の手続き

会社を守るために
就業規則を作成する

10人以上の労働者がいる会社では必ずつくる

　就業規則という言葉を聞いたことがあるでしょうか？　**就業規則とは、会社で働くためのルールブックであり、会社の法律ともいえるもの**になります。

　就業規則は、パート・アルバイトを含む常時10人以上の労働者がいる会社は必ず作成し、行政官庁へ届け出なければならない義務があります。

　就業規則の記載内容は、始業および終業の時刻や、休憩時間、休日、休暇並びに労働者を２組以上に分けて交替に就業させる場合においては、就業時転換に関することなどです（右上図参照）。

　フォーマットは、インターネットでダウンロードすることも可能なので、自分の会社に合った就業規則を作成しましょう。なお、社会保険労務士にお願いして作成してもらうこともできます。しっかりとしたものをつくりたい場合は、社会保険労務士に相談するのがよいでしょう。

　就業規則には労働者に守ってもらいたい約束や義務はもちろん、問題のある労働者に対するペナルティなども記載することができるので、会社を守るためにも作成しておいたほうがよいです。ただし、**就業規則に労働基準法等の法令や労働協約の基準を下回る内容の規定がある場合、その部分は無効となり、労働基準法等の法令や労働協約の基準が適用される**ので、注意してください（右下図参照）。

90

就業規則に記載する内容

■必ず記載しなければならない事項
1. 始業および終業の時刻、休憩時間、休日、休暇ならびに交替制の場合には就業時転換に関する事項
2. 賃金の決定、計算および支払いの方法、賃金の締め切りおよび支払いの時期並びに昇給に関する事項
3. 退職に関する事項（解雇の事由も含む）

■相対的に記載が必要になる事項
1. 退職手当に関する事項
2. 臨時の賃金（賞与）、最低賃金額に関する事項
3. 食費、作業用品などの負担に関する事項
4. 安全衛生に関する事項
5. 職業訓練に関する事項
6. 災害補償、業務外の傷病扶助に関する事項
7. 表彰、制裁に関する事項
8. その他全労働者に適用される事項

就業規則とその他契約の関係性

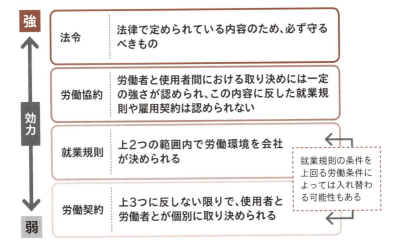

Column 3 気が合うか否かが大事

相性のよい税理士の見つけ方

　いったん税理士を決めると、その後何年、何十年と同じ税理士が顧問である場合が多いものです。税理士は、会社のことを隅から隅まで知っているので、最初に依頼した税理士との契約をとりやめ、新しい税理士に替えるというのはかなり勇気がいる行為になります。

　最近では税理士をコロコロ替える人もいるようですが、それは少数派で、よほどのことがない限り税理士は替えないというのが一般的です。

　ですが、税理士に不満がない訳ではなく、替えられないから続けているというケースも多いです。

　そのため、最初に税理士を見つけるときは、この人と何十年も付き合うことができるか、知られたくないことも、全部知られる覚悟があるのかというところまで考える必要があります。

　そして、58ページでも説明しましたが、税理士を決めるときは、必ず会って話をするようにしてください。そこで、納税や事業に関する考え方が自分と合っているかを確認するようにしましょう。

　ここで考え方が合わないようだと、将来的に不満が出てくる可能性が高くなります。気が合うか否かというのは、顧問料よりずっと大切なことなので、じっくりと話し合いをするようにしてください。

4章

発展

賢い資金調達で10年後も生き残る会社にする

せっかくつくった会社を倒産させないために、賢い資金調達をしましょう。事業計画書の書き方から銀行との交渉法まで紹介します

発展
01

4章　賢い資金調達で10年後も生き残る会社にする

賢い資金調達の考え方と資金計画の立て方

資金計画を立てて黒字倒産を避ける

　黒字倒産という言葉があるように、事業がうまくいっていたとしても、資金がなくなって倒産してしまうケースがあります。これは、損益計算書の利益と資金収支が一致しないことにより起こる現象です（右上図参照）。

　この現象を避けるためにも、**少なくても半年、できれば2〜3年単位で資金計画を立てておいたほうがよい**でしょう。資金計画があることで、必要な資金量が把握できたり、設備投資などの投資を促進できたりします。ですので、この時期は資金が多いから投資ができる、この時期は資金が少ないから借入を立てるといった具合で、資金計画を立ててみましょう。

　そして、資金計画を立てるためには、**「資金量（現預金のほか、すぐにお金にできる有価証券なども含む）」「売上の入金スパン」「仕入などの出金スパン」「固定費の額」を把握しておく**のが重要です。

　これらの事項はある程度推測できるでしょうから、資金計画に入れていきます。推測しづらい変動費などは、売上などを基準として、そこに一定率を乗じるなどして計算するのがよいです（右下図参照）。

黒字倒産が起こる理由

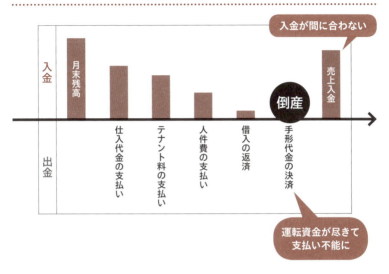

変動費の計算方法（概算）

$$売上 \times 一定率 = 変動費$$

例：変動費率が30％の場合

売上 100万円 × 変動費率 0.3 ＝ 変動費 30万円

発展
02

4章　賢い資金調達で10年後も生き残る会社にする

銀行に融資をお願いして資金を調達する

借入以外にも資金調達の方法はある

　資金を調達する方法は、大きく分けて3つあります（右上図参照）。

　1つ目は、アセットファイナンスです。会社で持っている資産を売却することで資金を調達する方法になります。売却する一般的な資産は、売掛金です。

　2つ目は、デットファイナンスです。他者から金利を支払って借り入れることで資金調達する方法で、銀行や信用金庫からの借入のほか、ノンバンクや知人からの借入、私募債の発行などもデットファイナンスになります。

　3つ目は、エクイティファイナンスです。これは、株式や出資と引き換えに資金調達する方法になります。**デットファイナンスと違い金利は発生しませんが、議決権を付与することになるので、注意が必要です**（右下図参照）。

　資金調達する場合はこれら3つの方法のうちのいずれかで行うわけですが、最初のうちは出資者からの借入や追加出資でまかなっていくことが多いでしょう。**事業が少し安定してきたら、デットファイナンスを実施していく**ことになります。なお、会社の利益率を上回るような金利は到底返済できないので、借入金利にはくれぐれも注意してください。

96

資金調達の方法

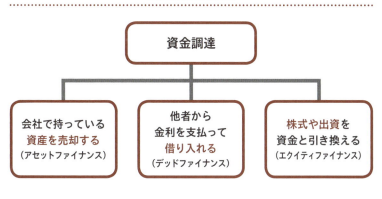

エクイティファイナンスのしくみ

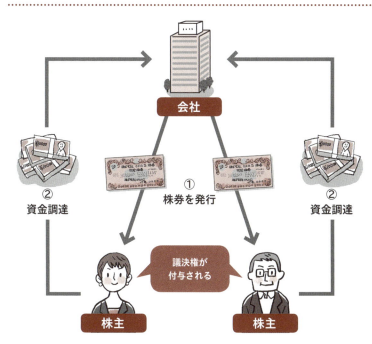

発展
03

4章　賢い資金調達で10年後も生き残る会社にする

十分な資金を確保して積極的な経営をする

資金があればレバレッジを効かせていける

　事業を開始したばかりだと、売上があまりなく費用だけがかかってしまう状況が続いている会社もあるでしょう。売上がなくても倒産しませんが、資金がなくなってしまうと事業を続けていけません。会社経営と資金繰りは切っても切り離せないものになるので、常に会社の資金量を把握しておく必要があります。

　具体的にどのくらいの資金量があればよいかと聞かれることがありますが、会社の状況や業種などによっても変わってくるので一概にはいえません。ひとまず、**通常売上の３カ月分程度の資金があれば、最低でも３カ月以上は事業を継続できるので、そのくらいは確保しておきたい**ものです。また小売業のような、売上が多い業種の場合は、通常売上の３カ月分も必要なく、毎月必要な仕入れを除いた資金の４〜５倍程度あれば、近々の問題にはならないでしょう。

　最初のうちは自己資金のみになってしまうかもしれませんが、時が経つごとに借入も検討していきましょう。**自分の資金だけでは限界があるので、借入によって資金を調達して取引を行い、借入利子よりも高い利潤を得ようとするレバレッジを効かせていくことも大切です。** 100万円を10％で運用したら10万円の利益にしかなりませんが、１億円を10％で運用したら1000万円の利益になります（右図参照）。資金を効率よく使うためにも、ある程度の資金量は確保しておきましょう。

98

レバレッジを効かせた経営

■資金100万円を運用し、取引額の10%の利益が出た場合

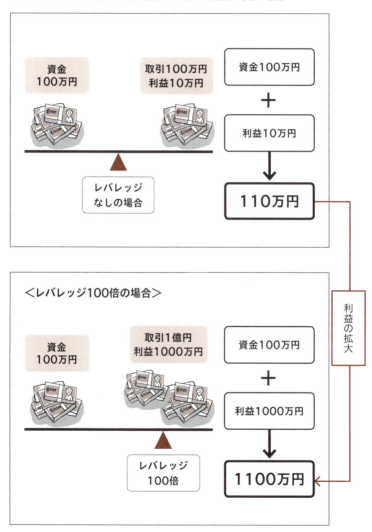

無借金経営はよい経営状況なのか

　優良企業といえば無借金経営だと思いこんでいる経営者は意外と多いものです。無借金経営だと、金利の支払いも毎月の返済もなく、手元資金をすべて使えるというメリットはあります。しかし、無借金経営は本当によい経営なのでしょうか？

　先ほども説明しましたが、**資金量は多いほうが経営上有利なケースが多い**です。ビジネスチャンスを逃さないという意味でも、資金は厚めに用意しておいたほうが何かと都合がよいでしょう。

　ゆとりのある無借金経営であれば問題ありませんが、カツカツの無借金経営ではそうはいきません。それであれば、借入をするなりして資金量を増やしておいたほうがよいケースも多いでしょう。

　また、大きな支出が突然発生した場合、資金がショートしてしまう可能性もあります。それが原因で従業員に給料を支払えないという事態が生じてしまっては、会社の信用にも傷がつきます。

　ですので、**無借金経営にこだわらず、事業を拡大してくためにも借入はしておいたほうがよい**でしょう。

　しかし、借入が多すぎて毎月の返済が賄えないような状況では本末転倒です。

　手許の資金を多めに持っておいて、来るべきビジネスチャンスが到来したら投資をするというのが正しい経営の姿といえます。そのためにも、借入額と同等以上の現預金を持っているような「実質」無借金状態が理想的です。

　実質無借金状態は、借入を一気に返済することも、返済しないこともできるという選択肢を持った状況なので、幅のある会社経営をしていけるのです（右図参照）。

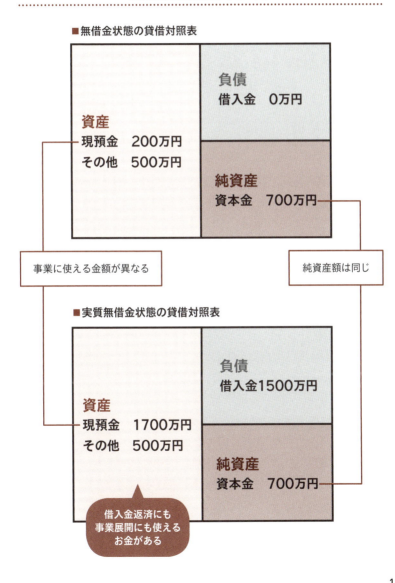

発展
04

4章　賢い資金調達で10年後も生き残る会社にする

融資を受ける
取引銀行を決める

銀行には事前に相談する

　借入をする際、どこの金融機関で借りればよいのでしょうか。近くに金融機関があればそこで借りるのか、口座がない銀行では貸してもらえないのか、といった疑問があるでしょう。

　まずは借入をする金融機関を、①「メガバンク」②「地方銀行」③「信用金庫」④「政府系金融機関」の4つのタイプに分けてみましょう（右図参照）。

　基本的には、①～④のいずれかから借り入れをすることになりますが、最初の借入先がメガバンクというのは敷居が高いかもしれません。

　近所の金融機関にいきなり飛び込みで借入をお願いしてもよいのですが、無下に扱われてしまう可能性があるので、できれば**制度融資の窓口や会計事務所経由で借入の相談をしたほうがスムーズ**でしょう。

　また、取引先の経営者や顧問依頼をしている税理士などの知り合いに銀行を紹介してもらうのも、ひとつの手です。

　そして、起業したてで融資を受けたいときにもっともおすすめなのが、④政府系金融機関です。詳しくは104ページで説明しますが、政府系金融機関のうちのひとつである日本政策金融公庫は低金利かつ固定金利で、長期の融資制度を行っています。①～③を考えるのもよいですが、まずは政府系金融機関からの借入を検討してみましょう。

タイプ別金融機関のメリット・デメリット

① メガバンク

メリット
三菱UFJ銀行や三井住友銀行など、メジャーな銀行との取引関係が築かれる

デメリット
中小企業向け融資に積極的ではない

② 地方銀行

メリット
中小企業メインの銀行が多く相談に乗ってもらいやすい

デメリット
ネット銀行では低利の事業貸付をしていない

③ 信用金庫

メリット
中小企業メインの銀行が多く相談に乗ってもらいやすい

デメリット
営業範囲がかなり狭い

④ 政府系金融機関

メリット
融資にもっとも積極的

デメリット
金利の交渉ができない

発展
05

4章　賢い資金調達で10年後も生き残る会社にする

日本政策金融公庫から融資を受ける

無担保・無保証で融資を受けられる

　政府系金融機関でもっともポピュラーなのは、日本政策金融公庫でしょう。日本政策金融公庫は、**金利も低く、保証協会が不要だったりと、会社をつくりたての人に魅力的な借入先**です。さらに、日本政策金融公庫は政府が100％出資している国策金融機関であるため、通常の金融機関よりも審査が通りやすい傾向にあります。

　また、日本政策金融公庫には、「新創業融資制度」と「中小企業経営力強化資金」という、創業時に担保および保証人なしで融資を受けられる制度があります。新創業融資制度は、創業時や創業後、確定申告を2回終えていない場合に利用できる制度で、中小企業経営力強化資金は、商工会や商工会議所、金融機関、税理士などといった認定支援機関の指導および助言を受けている人が利用できる制度です。

　無担保・無保証人での融資を受け付けているのは、基本的に日本政策金融金庫のみとなります。ですので、会社設立後の人には非常に魅力的な借入先なのです。

　ただし、**借入をしようとしている代表者の信用情報に問題がある場合は、審査に通りません**。特に住宅ローンの滞納など、長期資金の返済で事故を起こしているような場合は難しくなります。

　一度審査に落ちると、少なくとも半年くらいは審査を受けられません。ですので、事前準備を怠らないようにしましょう。

日本政策金融公庫の年利 （2019年9月2日現在）

■担保なしの融資の場合

基準利率	特別利率A	特別利率B	特別利率C	特別利率E
2.16〜2.23%	1.76〜1.83%	1.51〜1.58%	1.26〜1.33%	0.76〜0.83%

特別利率J	特別利率N	特別利率P	特別利率R	特別利率U
1.11〜1.18%	1.86〜1.86%	1.96〜1.97%	1.96〜1.96%	1.66〜1.66%

■担保ありの融資の場合

基準利率	特別利率A	特別利率B	特別利率C	特別利率E
1.16〜1.83%	0.76〜1.43%	0.51〜1.18%	0.30〜0.93%	0.30〜0.43%

特別利率J	特別利率N	特別利率P	特別利率R	特別利率U
0.30〜0.78%	0.86〜1.46%	0.96〜1.57%	0.96〜1.56%	0.66〜1.26%

■新創業融資制度の場合

基準利率	特別利率A	特別利率B	特別利率C	特別利率E
2.51〜2.58%	2.11〜2.18%	1.86〜1.93%	1.61〜1.68%	1.11〜1.18%

特別利率J	特別利率N
1.46〜1.53%	2.31〜2.32%

4章

賢い資金調達で10年後も生き残る会社にする

出所：日本政策金融公庫ホームページより編集部作成

計画性の高い書類をつくる

日本政策金融公庫から借入をする場合に必要となる資料は、申込書や創業計画書などです。

申込書には、会社情報のほか、代表者の個人情報や家族情報なども記載します。また、借入の申込金額も記載しますが、面談をしたうえ申込金額を変更することも可能なので、とりあえず借りたい額を申込金額として記載しておけばよいでしょう。

次に、創業計画書ですが、これは創業の動機や経営者の経歴、取扱商品・サービス、取引先、従業員、借入の状況などを記載する書類です。**事業の見通しも記載するので、特に力を入れて作成していきましょう。**

そのほかには、会社案内や製品カタログなどの参考資料、法人の登記事項証明書などが必要になります。また、企業概要書や資金繰り表の提出を求められることもあるでしょう。

すべての書類のフォーマットは日本政策金融公庫のホームページよりダウンロードできるので、それを利用して書類作成を進めましょう。もちろん、異なるフォーマットを利用しても問題ありません。

申し込み後1〜2週間程度で日本政策金融公庫から連絡があり、面談の日時を決めます（右図参照）。

面談では、創業するまでにしっかり準備をしてきたというストーリーを丁寧に伝えることを意識しましょう。そして、事業への思いはもちろんのこと、借入金を必ず返済できると、その計画性や売上の明確な根拠をアピールしましょう。返す気が伝わってこない人にお金を貸す人はいません。

106

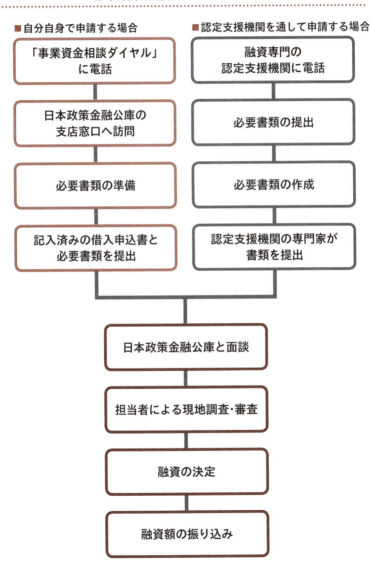

発展
06

4章　賢い資金調達で10年後も生き残る会社にする

銀行員を惹きつける事業計画書の書き方

事業への熱い思いを書類にする

　借入先に目星がついたら、提出書類のうちのひとつである事業計画書を作成しましょう。ここでもっとも**重要なポイントは、"銀行員を惹きつける内容にすること"**です（右上図参照）。

　創業時の場合、代表者の経歴は特に重要となります。今までの経験やスキルが活かせる事業を開始するのであれば、プラスに評価されることになるでしょうし、活かせない事業であれば、下手をするとマイナスの評価を受けてしまう可能性もあります。

　今後の事業と関連性の高い経験やスキルがある場合は、その点をしっかりとアピールしておくのがよいでしょう。もちろん、創業メンバーのなかに専門性が高い人がいるような場合も、その旨を記載しておくとアピールになります。

　また、コンセプトのない事業は相手に伝わりにくいものです。ビジョンや経営理念、目的など、「こういった事業をしていきたい！」という"情熱"を伝えていけるような資料づくりをしましょう。**「この会社を通じてこういったことがしたい」「こういった理想を叶えたいという」内容が伝わればベストです**（右下図参照）。

　事業計画書に記載する売上予想については、今後のことは誰にもわからないので好きなことを書けますが、コンセプトやビジョンなどはそうはいきません。ここを明確にすることで、真摯さを伝えられます。

108

事業計画に盛り込むべき内容

書いたらチェック

- □ 創業者のプロフィール
- □ ビジョン、経営理念、目的
- □ 事業の概要
- □ 自社サービスや商品の強み
- □ 市場動向、競合他社について
- □ 販売方法やマーケティング戦略
- □ 精算方法、仕入れ先などの商品の調達方法
- □ 売上予想
- □ 損益予測

魅力的な事業計画書のポイント

○ ビジョンが明確に伝わる

「〇〇の事業を△△のようなかたちで進めていきたい」
「〇年後までに△万円の利益を出せるように」

情熱が伝わりやすい

× ビジョンが不明瞭

「とりあえず社会を変えたい」
「売上の見込みは検討つかない」

真摯さが伝わらない

綿密な資金計画で審査を通す

　融資担当者の一番の関心事は、「貸したお金を返してもらえるかどうか」です。どんなに社長の経歴が素晴らしくても、未来を見据えた会社のビジョンだとしても、貸したお金を返してもらえなければ銀行は商売あがったりです。

　そのため、**経歴やビジョンなどはお金を返してもらえるかどうかの参考資料という位置づけであり、融資の実行を裏づける決定的な根拠とはならない**可能性が高いです。

　そこで大切なのが資金計画です。

　金融機関は、その会社の未来に対して貸付という投資をします。今後もずっと赤字で、資金もどんどん枯渇していくような会社に貸付をする銀行員はいません。やはり、銀行からの借入によって事業を実行し、結果として、資金が回収されたという物語をつくる必要が出てきます（右上図参照）。

　もっといってしまうと、**資金にはそんなに困っていないけど、とりあえず借りておくという状況のほうが印象はよくなります**。資金がダブついていれば、返済が滞る心配はありません。銀行は「晴れの日に傘を貸す」商売なので、お金に困っていない会社に貸し付けたいというのが実情なのです（右下図参照）。

　もちろん、適当につくった計画では銀行員に見抜かれてしまいます。相手はお金のプロなので、生兵法は大怪我のもとです。できれば、こちらも数字のプロである税理士などに依頼をして資金計画を作成するのがよいでしょう。

融資のしくみ

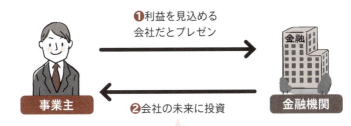

投資金額を回収できないような会社には貸さない

晴れの日に傘を貸すのが銀行

■晴れの日の場合

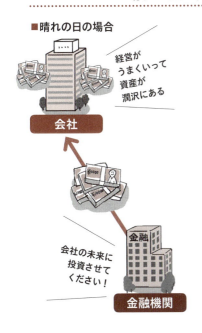

■雨の日の場合

発展
07
4章 賢い資金調達で10年後も生き残る会社にする

自治体の金利負担制度で融資を受ける

自治体が金利の一部を負担してくれる融資制度がある

借入をする際に、自治体が金利や保証料の一部を負担してくれる融資あっせん制度というものがあります。これは、中小企業の資金調達などを支援するために、各地方自治体が信用保証協会および金融機関と連携して設けている制度です（右図参照）。開業間もない事業者でも融資を受けやすく、また、元本を返済せずに金利だけを支払う措置期間という期間が長く設けられているところもあります。

融資の条件は自治体によって異なりますが、ここでは東京都港区の中小企業融資あっせん制度の事例を確認してみましょう。

この制度を利用できるのは、中小企業者・中小商工業団体・小規模企業者、1年以上区内で事業を営む企業です。もちろん、港区に対する税を滞納していないことが必須条件となります。

本人負担金利は、たとえば経営一般融資（短期）であれば1.0％と非常に魅力的な利率になっているのが特徴です。

申込をする際は、申込書や同意書のほかに、最新の決算書、申告書、最新の納税証明書、登記簿謄本、印鑑証明、見積書、契約書などが必要になります。

融資あっせん制度が使える場合は非常に有利な条件となることが多いため、一度調べてみてもよいでしょう。

融資あっせん制度のしくみ

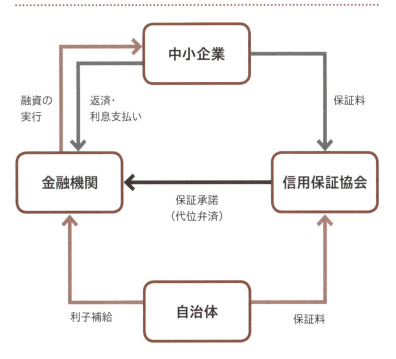

4章 賢い資金調達で10年後も生き残る会社にする

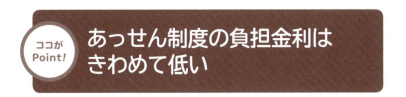

08

発展

4章　賢い資金調達で10年後も生き残る会社にする

キャリアアップ助成金で資金を調達する

条件を満たせば返済不要のお金をもらえる

　助成金は、労働環境の整備や人材育成の促進などのために厚生労働省が企業に給付してくれる、"返済不要"のお金です。助成金の種類はたくさんありますが、ここでは人気の高い助成金のひとつであるキャリアアップ助成金について説明していきましょう。

　キャリアアップ助成金は、有期契約労働者や派遣労働者といった非正規雇用労働者がキャリアアップを行うことを目的とした助成金です。正社員化コース、賃金規定等改定コース、健康診断制度コース、賃金規定等共通化コース、諸手当制度共通化コース、選択的適用拡大導入時処遇改善コース、短時間労働者労働時間延長コースの計7つのコースがあるので、自分の会社に合った助成金を申請するのがよいでしょう。

申請すれば必ずもらえるわけではない

　なお、雇用保険適用事業所の事業主か否か、キャリアアップ管理者を置いている事業主か否かなど、助成金の支給対象となるには提示されている要件をすべて満たさなければなりません（右上図参照）。まずは、対象となる事業主に該当しているかを確認してから、申請するコースを考えるようにしましょう。

114

支給対象事業主の要件

| 当てはまるかチェック |

☐ 雇用保険適用事業所の事業主である

☐ 雇用保険適用事業所ごとに、キャリアアップ管理者を置いている事業主である

☐ 雇用保険適用事業所ごとに、対象労働者に対し、キャリアアップ計画を作成し、管轄労働局長の受給資格の認定を受けた事業主である

☐ 該当するコースの措置にかかる対象労働者に対する賃金の支払い状況などを明らかにする書類を整備している事業所である

☐ キャリアアップ計画期間内にキャリアアップに取り組んだ事業主である

助成金を受給できない事業主

条件
支給申請をした年度の前年度より前のいずれかの保険年度の労働保険料を納入していない
支給申請日の前日から過去1年間に、労働関係法令の違反を行った
性風俗関連営業および接待を伴う飲食営業、これらの営業の一部を受託する営業を行う
暴力団と関わりがある
支給申請日または支給決定日の時点で倒産している
支給決定時に雇用保険適用事業所の事業主でない

正しい労務管理が助成金受給へのカギ

　助成金の受給には、ガイドラインに沿ったキャリアアップ計画書など
を作成し、ハローワーク（もしくは都道府県助成金センター・助成金デ
スク）へ提出する必要があります。

　キャリアアップ計画書とは、有期契約労働者などのキャリアアップに
向けた取り組みを計画的に進めるため、対象者や期間、目標を達成する
ために事業主が行う取り組みといった、今後のおおまかな計画イメージ
を記載するものです。

　キャリアアップ計画書の作成のほかにも、就業規則の改訂やキャリア
アップ管理者の選任など、社長一人で取り組むには作業が多く、非常に
ハードルが高い助成金となっています。ですので、**確実に受給したいの
であれば、自分ですべてやろうとするのではなく、社会保険労務士に依
頼するのがおすすめ**です。

　一般的に、社会保険労務士の報酬は、受給した助成金額の20 〜
30％程度の場合が多いです。ただし、就業規則の作成など、依頼する
内容は複数になるでしょうから、そのあたりを総合的に判断して社会保
険労務士を決めましょう。

　また、キャリアアップ助成金に限らず、助成金を受給するためには、
それ相応の会社である必要があります。たとえば、労働保険料を滞納し
ている、会社都合の離職者が多い、社会保険に加入すべき者が加入して
いない、残業代の全部または一部を支給していない、といったような会
社の場合は、そもそも助成金を受給することができない可能性があります。

　目先のお金ばかりに目が行きがちですが、**まずは正しい労務管理を行
う体制を築き、その後、助成金を受けるという流れにする**のが理想的で
す。これを機会に、最低限の労働基準法を守っているかなど、会社の体
制を見直してみるのがよいでしょう。

116

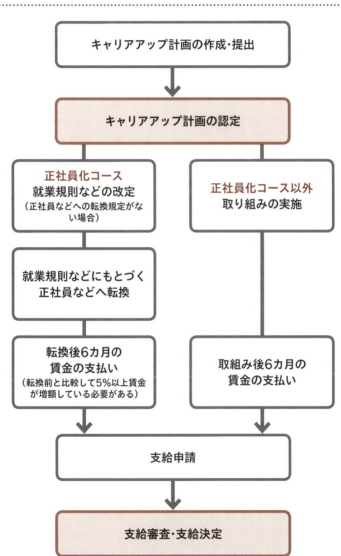

発展
09

4章　賢い資金調達で10年後も生き残る会社にする

設立1年目の
税金の納付はほぼない

設立初年度は予定納税がない

　会社で支払う税金には、①「法人税及び地方法人税」②「消費税及び地方消費税」③「法人住民税」④「法人事業税」⑤「源泉所得税」⑥「個人住民税」⑦「償却資産税」などがあります。

　これらのうち①〜④については、原則、事業年度終了日から2カ月以内に申告書を提出し、納税する必要があります。**ただし初年度は、その年分の税金をあらかじめ払っておく制度である予定納税がないため、設立初年度の納税はありません**（右上図参照）。というのも、これらの税金は、事業年度が終わってからはじめて課税所得を計算して、納税額が決まるからです。

　⑤については、従業員や個人の弁護士などから源泉徴収をして支払いをしている場合に、支払った月の翌月10日までに源泉税を納める必要があります。また、⑥も同様に個人の給与から徴収し、個人に代わって会社が地方自治体に収める税金なので、翌月10日までに納めなければなりません。

　ただし、源泉所得税の納期の特例の申請書を提出している場合は（78ページ参照）、毎年1月20日と7月10日が納期限となります（右下図参照）。

118

設立1年目の納税スケジュール

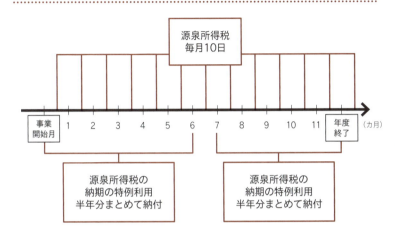

種目別納税期限

税目	納税期限
法人税・地方法人税	その事業年度終了日から2カ月以内
消費税・地方消費税	
法人住民税	
法人事業税	
源泉所得税	原則：支払月の翌月10日
	特例利用時：1月20日と7月10日
個人住民税	毎月10日
償却資産税	6月末・9月末・12月末・2月末（自治体により異なる）

初年度の納税はない

4章　賢い資金調達で10年後も生き残る会社にする

2年目以降は納税の機会が増加する

あまり納税する機会がなかった設立初年度と比べ、**2年目以降は納税の機会がぐんと増えます**。これが通常の納税タイミングになるので、覚えておいたほうがよいです（右図参照）。

まず、2年目の事業年度が始まってから2カ月以内に、法人税などの納税が必要になります。さらに、そこから6カ月後には予定納税をする段取りになります。予定納税とは、確定申告および納税の前にあらかじめ税金を納付することで、中間申告・中間納税ともいいます。なお、法人税の予定納税は、前事業年度の法人税額が20万円を超える場合に必要となります。納税額は、前期の確定税額の2分の1です。

また消費税の納税ですが、原則として、2年目まで免税事業者になるため、3年目以降に納税が始まるケースが多いです（免税事業者については136ページを参照）。なお、消費税の予定納税は前課税期間の消費税額によって、納税の回数が変わります。

源泉税や個人住民税といった毎月納税するもののほかに、事業年度開始日から2カ月目、8カ月目に法人税や消費税などの納税が生じるということを認識しておきましょう。

また、2年目以降になると、固定資産税の納税があるケースがあります。固定資産税は年4回の支払いになるので、こちらも忘れないようにしてください。

なお、**予定納税をする資金がないような場合は、仮決算をして算出された税額をもって予定納税とすることも可能**です。資金繰りが悪い場合は、一考の余地があるでしょう。

ちなみに、予定納税は当期の税金の前払いとなるので、予定納税を少なくした分、期末の納税額が増えるというしくみになります（右下図参照）。

2年目以降に納税するもの

■法人税／地方法人税／法人住民税／法人事業税

条件	回数
前期の法人税が20万円超	年1回
前期の法人税が20万円以下	なし

■消費税

条件	回数
前課税期間の消費税額　48万円以下	なし
前課税期間の消費税額　48万円超え〜400万円以下	年1回
前課税期間の消費税額　400万円超え〜4800万円以下	年3回
前課税期間の消費税額　4800万円超	年11回

予定納税額の差分による確定申告時の対応

＜予定納税が多かった場合＞

＜予定納税が少なかった場合＞

Column 4　複数の銀行と取引する!?

有利な借入条件を設定する

　希望通りの借入をするために重要な要素は3つあります。

　1つ目は、借入額です。これはもっとも重要な要素で、必要額が借りられなければ設備投資ができなくなってしまいます。きちんと計算して借入希望額を算出しましょう。

　2つ目は、借入期間です。一般に返済期間が長ければ長いほど、会社にとってはよいでしょう。設備投資の借入であれば、耐用年数と同期間の借入ができるようにするのが望ましいです。

　そして3つ目は、金利です。これは低いに越したことはありません。なお、金利のほかに保証料を取られるケースがあるので、保証料と金利を合わせた率で判断するようにしましょう。

　1つの金融機関からしか借入をしていない場合、上記の項目を交渉するというのは少し難しいケースもあるでしょう。そこで、2行、3行と付き合いのある金融機関を増やしていくことで、銀行と交渉できる体制づくりをしていき、有利な借入条件を引き出せるようにしていきましょう。

5章

発展

よくある
トラブル事例

会社の設立前後にはトラブルが伴いがちです。ここではよくあるトラブル事例をもとに、その解決方法を紹介していきます

発展
01

5章　よくあるトラブル事例

他人名義で起業したが
取締役が決まらない

どんな理由があっても自分の名前で登記する

　起業をする際に、「自信がない」や「会社に内緒だからまずは身内の名義で設立したい」という理由から、**他人名義で起業するケースがありますが、これはおすすめしません。**

　これまで見てきたように、会社をつくるためにはさまざまな手続きを行わなければならず、それらは本人が行わないと意味がありません。また、自分が頑張ってつくった会社をわざわざ他人名義とする必要性も感じません。

　そして、**名義を貸した他人が、辞めたくてもなかなかやめられないというのも問題点です。**名義を貸すと、登記簿に記載される取締役として名前が記載されますが、将来的に取締役を辞任しても、それだけでは記載は抹消されません。会社は、取締役が必ず存在しなければならないため、たとえば取締役が1人の会社では、後任者が決まって登記されるまで、辞任した取締役は権利義務取締役という名前の取締役であり責任を負い続けます（右図参照）。

　設立準備をした人が他人名義で設立した会社では次の取締役はなかなか決まりません。辞任した取締役が何度も会社に代表者の変更をするように申し入れても、まったく変更してもらえないというトラブルはよくあります。安易に名義を貸すということも気を付けるべきです。

124

権利義務取締役のしくみ

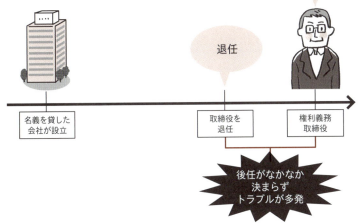

権利義務取締役となる要件

① 取締役が0人になってしまうとき

・会社には取締役の設置が必要不可欠
・後任が決まるまで権利義務取締役となる

② 会社法または定款で定められた取締役の人数を下回ってしまうとき

・取締役会設置会社であれば3人以上、取締役会非設置会社では1人以上取締役がいなければならない

発展

02

5章　よくあるトラブル事例

似た商号の会社を登記後に見つけた

調査をしてから商号を決める

　会社の名前は商号として表記されますが、現在では同一商号で同一本店では、お互いの会社の区別がつかなくなるという点から、認められていません。一方、本店が違っていたり、少しでも表記が異なっていたりすれば登記の段階では認められます。しかし、商標権や不正競争などの観点から見ると、あまり好ましくありません。**会社を設立する時点である程度の調査をして、そういったトラブルは避けるべき**です。極力ほかに真似されないような商号にしておきましょう。

　一方、会社を設立した後に、似たような会社の商号でほかの会社を設立されてしまうケースもあります。イタチごっこになってしまうこともありますが、商号の変更を検討してもよいでしょう。**会社が商号を変更するには、株主総会を開催して定款を変更することになります**。変更後は、登記簿の記載を変更するよう登記申請も必要です。その他名刺や、登録などの変更も行う必要があるので、大変な作業です（右下図参照）。

　他社に真似されたのであれば徹底的に戦うという選択肢もありますが、会社が設立したばかりの時点ではお互い無駄な争いはせずに、いかに早く自社の製品やサービスを拡げるのかに注力すべきです。後発は内容が同程度なら自然と排除されていきます。また、自社のブランドという考えもありますが、設立したばかりの会社のブランド力はまだまだなので、商号よりも商標の登録などの検討が必要です。

126

商号調査の仕方

<法人番号公表サイトで調べる>

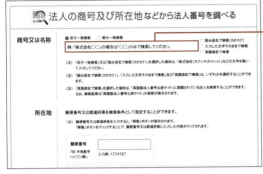

登録したい商号を検索する

「法人番号公表サイト(https://www.houjin-bangou.nta.go.jp/)」

商号変更の手続きの流れ

株主総会の招集

株主総会の開催

株主総会での商号変更決議

注意点
事前に商号調査を行う

管轄の法務局で商号変更の登記申請

注意点
・法人実印を変更する
・法務局以外の役所へも届出を出す

5章 よくあるトラブル事例

発展
03

5章　よくあるトラブル事例

2人で設立して
共同経営で揉めた

出資の割合に差をつけて多数決できるようにする

　仕事仲間と一緒に起業したい、気の合うグループの数人で会社を設立したいなどの希望がある人もいるかもしれません。複数メンバーで起業するのはかまいませんが、「船頭多くして船山に上る」ということわざを思い出してください。

　会社をつくった以上、その会社は運営（コントロール）をしていかなければなりません。運転手が2人いたらまっすぐ進まず、考えている方向と違う方向に行ってしまうことは想像に難くありません。

　会社によっては、2人で半分ずつ出資し、代表者をどちらか一方にすることもあります。この場合、通常運転時（上手くいっているとき）は特に問題なく対応できますが、**難しい判断が必要になったり、対応に苦慮する場面で意見が割れたりすると、対応が難しくなります**。半分ずつ出資したということは、多数決ができないということです（24ページ参照）。そうなると個人間の意見のぶつかり合いになるので、どうしても感情的になってしまいます。志を同じくした者同士ですが、会社の経営はお金や各個人の生活のこともあり、なかなか複雑で難しいものです。

　ですので、全部が"半々"という共同経営は、あまりおすすめできません。そのため、パートナー選びや出資比率の決定が円滑な共同経営を行うにあたって重要となります（右図参照）。面倒に感じるかもしれませんが、共同経営契約書を熟考して作成するようにしましょう。

128

共同経営のポイント

① パートナーを選ぶ

・自分の不足しているスキルや不得意分野をカバーしてくれる
　人を選ぶ
・異なる分野を任せられる人を選ぶ
・同じ業務分野は避ける

② 共同経営契約書を作成する

＜記載する内容＞

・出資金額、割合	・利益分配の仕方
・双方の職責、肩書	・経理のルール
・職務の担当分野	・報告事項や意見調整のルール
・責任と権限	・契約解除の規定、手続き
・報酬の決め方	など

③ コミュニケーションを怠らない

・意見が食い違っても否定せず、トラブルをなるべく避ける

④ 出資比率や報酬を無理に等分しない

・等分の出資比率はトラブル時の意思決定が難しくなる
・貢献度や実績などで出資比率を決める

5章

よくあるトラブル事例

発展

04

5章　よくあるトラブル事例

登記内容に不備があり
変更手続きが必要

登記の誤りを修正するにはお金がかかる

　無事に登記を申請して会社が設立できたら、登記事項証明書（会社謄本）の記載内容をしっかりチェックしてください。誤字脱字など、意外と間違いが見つかることがあります。間違いを発見した場合は、それが申請者の記載ミスなのか、申請書の記載は正しかったのに誤って登記されてしまったのかを確認します。

　申請者の記載ミスの場合は、そもそも申請した人が間違えたのが原因なので、法務局が自発的に訂正してくれることはありません。そのままにしておくか、更正登記というものを行います。更正登記は更正内容を記載した申請書を用意する必要があり、なぜ間違ってしまったのか、その理由がわかる資料を添付書類として提出する必要があります。その際に、登録免許税が2万円かかります。なお、前回の登録免許税が一部還ってくるということはありません。

　一方、申請者のミスではなく、法務局がミスをしてしまうこともあります。その場合は、必ず法務局に話をしてみてください。職権更正という訂正が可能な場合もあります。職権更正の場合は、法務局のミスなので登記の申請書も登録免許税も必要ありません。

　いずれにせよ、まちがった登記がされないように、お互い心がけたいところです。

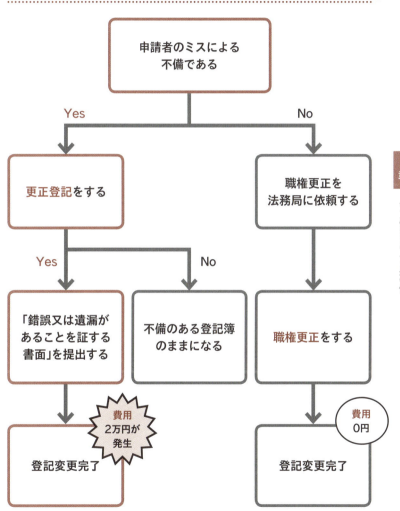

発展
05

5章　よくあるトラブル事例

郵送で提出した
届出が受理されたか不安

郵送での提出には控えを添える

　申告書や各種届出の提出方法は、「税務署などに直接持参する」「郵送する」「電子申告する」の3つの方法があります。

　一番確実なのは直接持参することですが、いちいち税務署に持って行くのは手間がかかるのでおすすめできません。すると、選択肢はおのずと郵送か電子申告になりますが、電子申告については心理的抵抗がある人が多いでしょうから、郵送を選ぶ人が大半でしょう。

　郵送は確かに楽ですが、「本当に受理されているか」という不安がつきまといます。これを回避するためにも、必ず控えを一緒に送りましょう。控えを送ると、受領印が押されて返却されるので、受領印の日付を受理日として証明できます。なお、控えを送る際は、「提出書類の控え」と「切手を貼った自社宛の封筒」を同封します。

　封筒を忘れてしまうと送り返してくれないので、くれぐれも忘れないようにしてください。なお、提出書類の控えには1ページ目に赤いペンで「控」と書いておきます。

申告書や各種届出の提出方法

① 税務署などに直接持参する

メリット
・確実に提出できる

デメリット
・足を運ぶのが面倒
・17時までしか開庁していない

② 郵送する

メリット
・手間がかからない
・早い

デメリット
・郵送事故の可能性がゼロではない

③ 電子申告

メリット
・簡単に提出できる
・早い

デメリット
・導入に手間がかかる
・受領印がもらえない

必ず控えを一緒に送り受領印をもらう

発展
06
5章　よくあるトラブル事例

法人税・地方税の
延長申請が受けられない

定款を変更して延長申請する

　72ページで紹介した延長の特例申請ですが、これは何かしらの理由により期末日から2カ月以内に決算が確定しない状況でなければ承認を受けられません。

　株式会社であれば、定時株主総会が「事業年度末日の翌日から3カ月以内に招集」と、定款に記載されていることが多いため、通常、問題ないのですが、合同会社の場合は、定期的な総会を開催する旨を必ず記載する必要がないことから、定款に記載がない会社も多いです。

　ですので、定款に記載がない場合は、定款の事業年度に関する記載内容を変更しましょう。「（事業年度）第●条　当会社の事業年度は、毎年●月●日から翌年●月●日までとし、『事業年度終了後3カ月以内に決算を確定』する。」と追記します。

　なお、この定款の変更は登記事由に該当しないので、登記の必要はありません。ただし、定款の変更は社員の同意が必要なので、定款変更にかかる総社員の同意書を作成しておきましょう（右図参照）。

　そして、変更した定款と同意書をセットで保存しておくようにしてください。

定款変更の同意書の作成方法

同　意　書

　当会社の定款第●条を以下の様に変更する。

（事業年度）
第●条　当会社の事業年度は、毎年●月●日から翌年●月●日までとし、「事業年度終了後3ヵ月以内に決算を確定」する。

　当会社の社員全員は上記について同意した。

　　　　　　　　　　　　　　　　　　　令和元年●月●日
　　　　　　　　　　　　　　　　　　　合同会社○○○○
　　　　　　　　　　　　　　　　　　　　社員　○○○○
　　　　　　　　　　　　　　　　　　　　社員　○○○○

定款と同じ内容を
記載する

発展

07

5章　よくあるトラブル事例

消費税の
免税事業者になれない

資本金を1000万円以下にする

　新設法人の場合、最長で2年間、消費税の免税事業者になることができます。免税事業者には消費税の納税義務がないので、単純に消費税分だけ利益が増え、非常に有利です。

　ただし、免税事業者になるためにはいくつか要件があり、この要件を満たさない場合は免税事業者になれません（右図参照）。

　要件のなかでも特に注意しなければならないのが、資本金です。事業年度開始日、つまり**設立日の資本金が1000万円"以上"の場合、免税事業者になることができません**。ですので、これから会社を設立しようとする場合は、相応の理由がない限り、資本金を1000万円未満にしたほうがよいでしょう。

　なお、資本金と同じような言葉で資本準備金というものがあります。資本準備金は払込資本のうち、資本金としなかった部分の金額をいい、払込金額のうち最大で50％を資本準備金にできます。資本準備金は資本金ではないので、免税事業者の判定に含まれません。

　したがって、**払込資本が2000万円未満であれば、半分を資本準備金とすることで資本金を1000万円未満にできます**。該当する場合は検討してみてください。

136

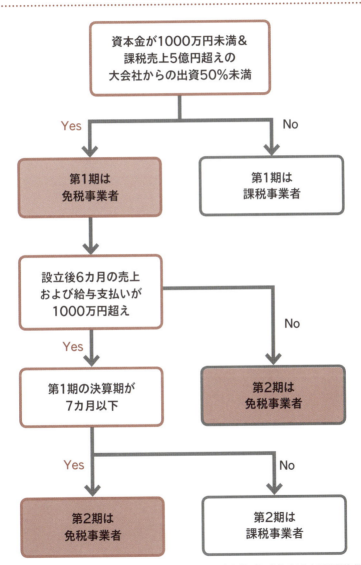

※特定新規設立法人(その法人の基準期間相当期間における課税売上高が5億円超の者が、その法人の発行済株式等の50%超を有する法人)は除く

発展
08

5章　よくあるトラブル事例

定款を修正して決算期を変更したい

自社に合った決算期に変更する

　会社を設立する際には必ず事業年度を決める必要があります。法人税法では、事業年度は最長で1年と定められているので、これに合わせて、設立月の前月を決算月としている会社も多いでしょう。

　しかし、実際に会社を運営していると、決算月が繁忙期で決算作業をする余裕がないなどの問題が生ずることがあります。こういった場合に有効なのが、決算期の変更です。繁忙期を避けて決算期を設定すれば決算作業もはかどり、さらに期末に多額の売掛金が生じる可能性も下がります。

　もし、事業の状況をあまり考えずに決算期を設定してしまった場合は、決算期の変更を検討してみるのもよいでしょう。

　なお、決算期を変更するということは、定款に記載している事業年度を変更するということなので、株主総会の特別決議が必要となります。定時株主総会まで期間がある場合は、臨時株主総会を開催するとよいでしょう。

　株主総会の承認を受けたら定款を変更し、税務署・都道府県・市町村に変更した定款を添付して異動届を提出すれば完了となります。なお、登記の必要はありません。

付録

付録

合同会社の会社設立と手続き

近年、設立数が増えている合同会社のつくり方を紹介します。合同会社のメリット・デメリットを踏まえ、事業内容に合った会社形態で会社をつくりましょう

付録

01

付録　合同会社の会社設立と手続き

合同会社は
6万円でつくれる

合同会社設立に必要な費用

　本書の付録では、合同会社の設立の仕方を解説します。

　まず、合同会社を設立するにあたって、どのくらいのお金を準備する必要があるのでしょうか？

　合同会社でも株式会社と同様、資本金が必要になります。資本金は、会社を運営していくにあたって、とりあえず会社に入れておくお金と理解するとわかりやすいでしょう。会社を設立する際に、いったん現金（もしくは現物出資）で資本金を用意する必要があります。

　合同会社の場合、30万円や50万円ぐらいの資本金で会社をつくる人が多いです。もちろん、もっと金額が大きくてもかまいません。そのほかの費用としては、設立登記の登録免許税として6万円の収入印紙が必要になります。

　合同会社において、定款の作成は必要ではありますが、定款認証作業までは求められていないので、定款認証の手数料や、電子データで定款を作成してしまえば定款に貼る印紙代も節約できます（右上図参照）。

　つまり、**合同会社を設立する場合は、さまざまな費用を節約できるため、資本金プラス約6万円あれば会社ができてしまいます**。株式会社に比べて設立費用は安いですが、その分、合同会社という新しい会社形態になるので、メリット、デメリットも把握して、どの会社形態にするのか決めたいものです（17ページ参照）。

合同会社の設立費用

	紙の定款の場合	電子定款の場合
定款印紙代	4万円	0円
電子定款作成に必要な機材などの購入費	0円	3000～1万円
登録免許税	6万円	6万円
合計	10万円	6万3000円～7万円

プラス資本金で合同会社がつくれる

合同会社設立の流れ

会社の基本事項を決め、定款をつくる

出資金を払い込む

登記申請をする

税務署や官公署への届け出をする

事業開始

付録　合同会社の会社設立と手続き

付録 02

経営に関わる代表社員を決める

出資者は全員経営に関わる

合同会社と株式会社の大きな違いは、社員に関する点にあります。社員というと、会社の従業員をイメージするかもしれませんが、ここでは出資者と考えてください。

合同会社は、出資と経営が結びついている会社形態のため、経営陣は出資をしている人のなかから決めることになります（右図参照）。たとえば、優秀な経営者を外部から招へいする場合には、その人にも出資してもらわなければなりません。反対に、出資はするけど経営には参加したくないという場合は、業務執行社員を置く規定をつくれば、そのような対応も可能です。また合同会社の場合は、役員の名称が取締役ではなく、社員となります。

株式会社での代表取締役は、合同会社での代表社員に当たります。そもそもの名称が異なるので、合同会社であるにもかかわらず、名刺に代表取締役と記載するのは避けておいたほうが無難でしょう。

商号については、合同会社という文字を必ず入れなければなりません。これは、合同会社と表記することで、ほかの会社形態と間違えないようにするためです。

また事業目的についても、株式会社と同様の記載が必要です。合同会社特有の目的記載などはありません。合同会社は個人経営的な会社が多いので、あまり目的が広すぎると信頼されにくくなるかもしれません。

142

代表社員選定のしくみ

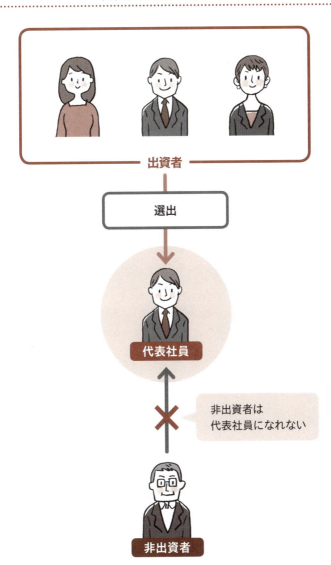

付録　合同会社の会社設立と手続き

付録 03

本店所在地と
公告方法を決める

事務所として利用してよい物件か確認する

　合同会社設立にあたり、**本店所在地や公告方法、決算月、資本金など
を決めなければなりません**（右上図参照）。このうち、本店所在地、公告
方法、資本金は、登記簿に記載されます。

　個人経営的な会社が多い合同会社の本店所在地は、自宅住所や既存の
会社の住所を記載することも多いでしょう。"法人"という箱が必要で
合同会社をつくる場合には、既存の会社の本店所在地と同様の住所での
登記も可能です。

　**本店所在地が自己所有の物件住所であれば気にする必要はありません
が、賃貸の場合は、大家さんに事前に了承を得ておくことをおすすめし
ます。**大家さんによっては事業向きに貸し出すことをよく思っていない
人もいたり、転貸とみなされてしまったりもするので、トラブルのもと
になりやすいです。自己の所有物件でも、マンションなどの場合は、事
務所使用を禁止している場合もあるので、管理組合などから指摘を受け
ないように事前に確認をしておくとよいでしょう。

　合同会社は株式会社と異なり、毎年の決算についての公告は不要です
が、将来、資本金を減額したり、合併したりする場合などに行う公告は
決めなければなりません。これはもっとも費用の安い、官報に掲載する
ことにしておけばよいでしょう（右下図参照）。

　資本金については、無理のない金額で設定しましょう。

144

設立時の基本決定事項

事項	概要
商号	・会社の名前 ・「合同会社」とつける
事業目的	・行う事業の内容 ・事業目的として定めた事業以外の事業を行ってはいけない
本店所在地	・会社の住所
決算月	・設立から12カ月以内で設定する
資本金の額	・総額を記載
社員構成の決定	・業務執行役員および代表社員を記載
公告方法	・方法を記載

公告の方法

❶ 官報
・国が発行する機関紙に掲載する
・もっとも安い方法

❷ 日刊新聞
・時事に関する事項を掲載する日刊新聞紙に掲載する

❸ 電子公告
・インターネットに掲載する

付録
04
付録　合同会社の会社設立と手続き

責任の所在を示した
定款を作成する

定款には絶対記載事項がある

　合同会社の定款には、記載がなければ定款自体が無効になってしまう事項があります。株式会社でも同様の事項はありますが、公証役場での認証を得る必要がない合同会社では、公証人のチェックがない分、自分でチェックする必要があります。

　定款の絶対的記載事項は、①「商号」②「目的」③「本店所在地」④「社員の氏名または名称及び住所」⑤「社員の全部が有限責任社員であること」（右図参照）⑥「社員の出資の目的及び評価の標準」の6項目です。

　①②は株式会社と同様ですが、公証人のチェックがない分、誤字脱字に注意する必要があります。③の本店所在地については、具体的な所在場所まで記載してもかまいません。株式会社の場合は、将来、本店を移転する際に定款変更決議をしなくてもよいように最小の行政区画までの記載にとどめておくことが多いのですが、合同会社で総社員の同意が比較的得やすい場合は特に気にする必要なく、具体的な所在場所まで定めてもよいです。④については、社員全員の氏名と住所を記しましょう。

　⑤は定型文で入っていれば問題ありません。⑥は記載したあとに変更などがあると訂正や資本金の払い込みに影響するので、確定し変動のないようにしたうえで記載します。評価の標準は現物出資などを行う場合の記載に注意が必要になります。現金での出資であれば、その金額を記載します。

146

有限責任社員と無限責任社員の違い

■有限責任社員の場合

■無限責任社員の場合

合同会社の定款のその他の記載事項

　定款には、絶対的記載事項のほかに、相対的記載事項と任意的記載事項があります。相対的記載事項とは、記載がない場合は法律どおりに、記載した場合は記載した通りとなる事項です。任意的記載事項とは、記載してなくても特に影響はないですが、記載しておくと「定款に記載してありますから」と対外的にいえるようになる事項です。

　主な相対的記載事項は、業務執行社員に関する定めや代表社員に関する定め、社員の持分に関する定め、損益分配に関する定め、社員の退社に関する定めなどがあります。また、主な任意的記載事項は、決算期に関する定めなどです。

　合同会社では、定款認証手続きがない分、自分で考え、検討する必要があるので、将来的にどのような会社にしたいのかなどをよく考えて、決めておく必要があります。会社をつくるときにはうまくいくことばかりを考えがちなので、厳しいいい方にはなりますが、**悪い状況になっても耐えられるような対応ができる定款を作成すべき**です。

　合同会社でトラブルになるケースは、複数人で設立する場合です。原則、社員1人に対して1議決権が与えられるので、2人の場合は意見が割れてしまうと何も決まらなくなってしまいます（右図参照）。そういったときのために、相対的記載事項の社員の持分に関する定めや、社員の退社に関する定めなどをよく考えて構成しておく必要があるのです。さまざまな記載内容のパターンが考えられるので、司法書士などの専門家とよく話をするとよいでしょう。

　任意的記載事項については記載自由ですが、定款を変更する場合は定款変更の手続きが必要になるので、定款変更に手間がかかる設計や状態の場合はよく考えて記載する必要があります。

出資金と議決権の関係

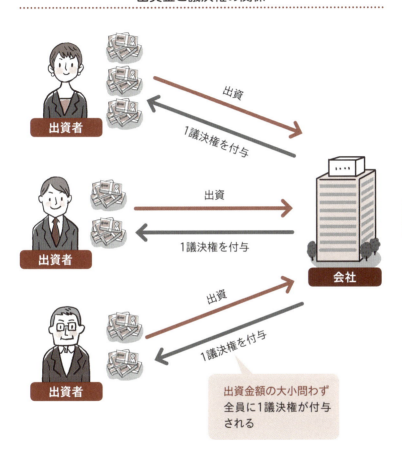

付録

05

付録　合同会社の会社設立と手続き

登記申請書を作成し
収入印紙を貼る

社員が１人の場合は添付書類が必要

　合同会社の登記申請書のレイアウトや体裁は、株式会社と同じものです。題名が「合同会社設立登記申請書」となるので、株式会社のものを流用しようとせず、合同会社のサンプル申請書などを利用しましょう（右図参照）。登記の際の登録免許税は資本金（課税標準金額）の1000分の７（0.7％）ですが、計算結果が６万円以下の場合は一律６万円となります。

　社員が１人の場合は、定款や資本金決定書、払込証明書を添付書類として提出します。定款に本店の具体的所在場所まで記載していない場合は、資本金決定書と一緒に、本店所在地の決定と、それを決定した旨を記載した書面を作成します。

　登録免許税は収入印紙で納付するのが一般的です。申請書の余白に貼っておきます。収入印紙は絶対に割印を押してはいけません。というのも、法務局で印紙を割る作業を行うからです。また、補正などの間違いがあった際に連絡をしてもらえるように、申請人の下のところに連絡先として、携帯電話番号などを記載しておくとよいでしょう。登記が完了した旨の連絡はもらえないので、自分で謄本を請求するなどして、登記が終わったかを確認することになります。

　窓口での申請の際には、同一内容の書類をもう一部作成し、受領証を発行してもらうことも可能です。

150

合同会社設立登記申請書の作成例

付録　合同会社の会社設立と手続き

付録
06
業務執行社員を決め経営者を限定する

経営を行う社員を限定できる

合同会社を社員２人以上でつくる場合は、原則としてその２人とも会社を代表する社員である代表社員となります。**経営には参加するが代表社員とはなりたくない場合は、１人だけを代表社員とすることもできます**。その場合は、定款に代表社員の選任に関する規定を設けておく必要があります。２人のうちの１人を代表社員として記載する方法や、社員の互選で決めるというような記載方法も可能です。

一方、**社員として出資はするものの、経営には携わりたくない、登記簿などの表に名前を出したくないような場合には、業務執行社員の定めを設けておきます**。この定めは、社員のうちで業務を行う（経営を行う）社員を限定するということです。業務執行社員の名前は登記されます。

たとえば、４人社員がいて３人が業務執行社員になる場合、３人だけが業務執行社員として登記され、残り１人は業務執行をしないので登記簿に記載されません。そして、業務執行社員の３人が会社を代表する代表社員となり、代表社員として登記されます。３人のうち１人のみを代表社員とすることもできますが、定款に代表社員に関する定め方の記載が必要となり、その場合は業務執行社員３人のうち１人のみに代表社員の旨の登記をすることになります（右図参照）。

このように社員が複数いる場合はさまざまなかたちの取り決めが必要になるので、専門家に相談して間違いないように設定しましょう。

152

業務執行社員のしくみ

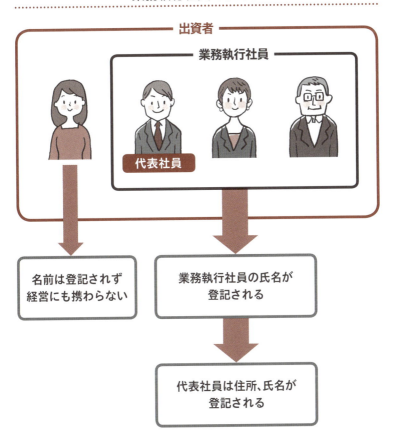

出資者と代表社員のあり方は取り決めによって変化する

付録 07

付録　合同会社の会社設立と手続き

職務執行者を選び登記する

法人が出資者になることもできる

　株式会社の場合は、出資者（株主）と経営者（取締役）は別々でもよいですが、合同会社の場合は、出資と経営が密接な関係にあるものなので、原則、社員（出資者）と経営者は同一人物となります。ですので、法人が出資している場合でも、その法人が業務執行社員や代表社員となります。そして、業務執行社員が法人であるときは、職務を行うべき者である職務執行者を選ばなければなりません（右図参照）。

　職務執行者は、会社の代表者は実際に契約書に調印したり、具体的な意思決定を行ったりするなどの、具体的な行動をしなければなりません。法人が代表者となった場合に、そういった行動をとるのが誰なのかをはっきりさせるために、職務執行者を選任することになります。職務執行者は意思決定を行うというよりは、意思決定された内容を行動に移す担当者と考えるとわかりやすいでしょう。

　職務執行者は登記事項です。法人が業務執行社員であれば、その旨が登記簿に記載されるので、その際に職務執行者も登記することになります。法人が業務執行をしない場合（複数社員で別途法人以外の業務執行社員がいる場合）には、そもそも登記簿に法人が記載されないため、職務執行者を選ぶ必要はありません。

154

業務執行社員と職務執行者の違い

■業務執行社員の場合

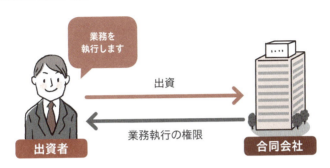

■職務執行者の場合

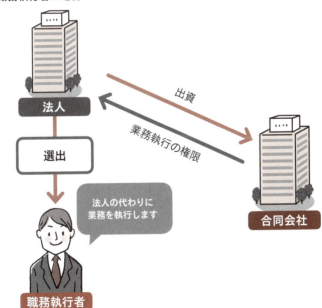

付録 08

付録　合同会社の会社設立と手続き

合同会社は
株式会社に変更できる

組織変更には1カ月以上かかる

　合同会社をつくったあとに、「やっぱり株式会社にしておけばよかった」と思うことがあるかもしれません。また、業績がよくなり、ほかから出資をしたいと持ち掛けられた場合は、出資と経営が分離していない合同会社では、出資者が経営にも口を出してきて機動的な会社運営が難しくなってしまうことも考えられます。

　そういった場合には、出資を受けないという選択肢もありますが、出資を受けやすい会社形態である株式会社に組織変更することを検討してみてもよいでしょう。

　株式会社に変更するためには、総社員の同意で株式会社への変更内容を決めることになります。変更内容については、新規で株式会社を設立するのと同程度の内容を決めることになります。また、すでに合同会社として動いてきた会社を株式会社とすることから、取引のあった債権者としては知らないうちに会社が変わっていたということがないように、債権者保護手続きというものが必要になります。官報に合同会社が株式会社となる旨を掲載し、個別の債権者にはその旨を伝達（個別催告）する必要があります。**官報掲載や個別催告してから組織変更まで、1カ月の期間を開ける必要がある点も注意してください**（右図参照）。

　株式会社の設立時には公証役場での定款認証が必要ですが、合同会社から株式会社に組織変更の際には定款認証する必要はありません。

156

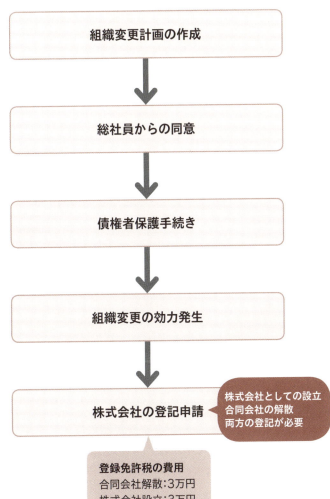

索引

あ行

青色申告	68
印鑑カード交付申請	54
印鑑証明書	26,48
オンライン申請	44

か行

株式会社	14
株主の構成	24
キャリアアップ助成金	114
給与支払事務所等の開設届出書	70
業務執行社員	152
銀行口座開設	60
源泉所得税の納期の特例に関する申請書	78
源泉徴収制度	76
原本還付	54
合同会社	16
雇用契約書	80
雇用保険	86

さ行

事業計画書	108
事業年度	32
事業目的	22
資金計画	94
資金調達	94
資本金	18
資本金の払込証明書	46
社会保険	82
就業規則	90

就任承諾書	48
商号	22
職務執行者	154
申告期限の延長の特例の申請書	72
新規適用届	84

た・な行

代表社員	142
定款	30
定款認証	34
デットファイナンス	96
登記	40
登記申請書	40
日本政策金融公庫	104

は・ま行

被保険者資格取得届	84
法人税	74
法人設立届出書	66
発起人決定書	46
本店	24
無借金経営	100

や・ら行

役員給与	74
有限会社	12
融資	96
融資あっせん制度	112
労災保険	86
労働基準法	90
労働条件通知書	80
労働条件通知書兼雇用契約書	80

■著者プロフィール

加藤雄一（かとう・ゆういち）

四谷司法事務所　代表
司法書士

岐阜県瑞浪市出身。明治大学法学部卒業後、1997年司法書士試験合格、27歳の2000年10月に司法書士登録。2004年3月簡易裁判所訴訟代理権認定。不動産登記から商業登記、相続から簡裁訴訟まで幅広く対応。20年近くの実務経験に裏打ちされた丁寧な説明や面倒を厭わない対応をモットーとしている。まだまだ頑張る40代。
事務所ホームページ：https://www.yotsuya-shihou.com

冨田健太郎（とみた・けんたろう）

税理士冨田健太郎事務所　代表
税理士

複数の上場企業の経理部、大手専門学校の講師、会計事務所および個人事業を経験して独立開業。開業後は、オーナー企業や個人事業主の税務・会計、コンサルティング、講座講師等をしながら、WEBでの情報提供にも注力している。自身が運営するサイト「勘定科目大百科」は月間20万PV以上を獲得している。東京税理士上野支部税務支援対策部委員。共著に『小さな会社が本当に使える節税の本』（自由国民社）、『ゼッタイ後悔しない！家の購入技200』（スタンダーズ）など。
事務所ホームページ：https://zeirishiken.com/

■協力

石嶋仁史（いしじま・ひとし）

石嶋経営労務管理事務所　代表
社会保険労務士

1992年、日本大学法学部を卒業後、キヤノンコピア販売株式会社（現キヤノンシステムアンドサポート株式会社）に入社し、事務機器の営業部門に勤務。その後、株式会社ベルシステム24に入社し、経理、ファシリティマネジメントおよび人事部門に勤務。2003年に都内の社労士事務所に入所し、同年、社会保険労務士試験に合格。2007年に石嶋経営労務管理事務所を開業。
事務所ホームページ：https://www.office-ishijima.jp/

■問い合わせについて

本書の内容に関するご質問は、下記の宛先までFAXまたは書面にてお送りください。なお電話によるご質問、および本書に記載されている内容以外の事柄に関するご質問にはお答えできかねます。あらかじめご了承ください。

〒162-0846
東京都新宿区市谷左内町21-13
株式会社技術評論社　書籍編集部
「スピードマスター　1時間でわかる　失敗しない！会社のつくり方」質問係
FAX：03-3513-6167
URL：https://book.gihyo.jp/116

※ご質問の際にいただいた個人情報は、ご質問の返答以外の目的には使用いたしません。
また、ご質問の返答後は速やかに破棄させていただきます。

スピードマスター
1時間でわかる　失敗しない！会社のつくり方

2019年12月17日　初版　第1刷発行

著者	加藤雄一　冨田健太郎
発行者	片岡 巌
発行所	株式会社　技術評論社
	東京都新宿区市谷左内町21-13
電話	03-3513-6150　販売促進部
	03-3513-6160　書籍編集部
編集	伊藤 鮎
装丁デザイン	坂本真一郎（クオルデザイン）
製本／印刷	株式会社　加藤文明社
編集協力	出口夢々（株式会社ループスプロダクション）
本文デザイン	竹崎真弓（株式会社ループスプロダクション）
本文イラスト	植木美江
DTP	佐藤 修

定価はカバーに表示してあります。
落丁・乱丁などがございましたら、弊社販売促進部までお送りください。交換いたします。本書の一部または全部を著作権法の定める範囲を超え、無断で複写、複製、転載、テープ化、ファイルに落とすことを禁じます。

©2019　株式会社ループスプロダクション

ISBN978-4-297-10985-1　C2034

Printed in Japan